Those who sow in tears will reap with joy

An dream a chuireas síol le deora, bainfidh siad an fómhar le gairdeas

Psalm Salm 126: 5

Atrocity Ár

Dr Ciarán Ó Coigligh

Yellow House Publishing Ltd

Yellow House Publishing Ltd ®

85 Great Portland Street

London

W1W7LT

www.yellowhousepublishing.com

Copyright © Dr Ciarán Ó Coigligh (2025)

The moral right of the author has been asserted.

All rights reserved. No reproduction, copy or transmission, in whole or in part, may be made without written permission by the publisher. Any use of this publication to train any artificial intelligence AI technologies is expressly prohibited. Yellow House Publishing Ltd ® also exercise their rights under 4:3 of digital single market directive (2019) / 790 and expressly reserve this publication from the text and data mining exception.

ISBN 978-1-7393125-8-9

Typeset and printed by: Sparks in Colour N. Ireland Portadown

Technical Editor: Hanna Nielson

Cover Design by: YHP

Yellow House Publishing Ltd ® is an independent free press with no public funding or gambling industry funding used in producing this book.

PUBLISHER'S NOTE

3,568 people died because of the 'Troubles' from 1969 to 2010. This work of remembrance – a modest part of the communal effort of recognising all victims, regardless of background – commemorates 295 victims. The author has previously commemorated 342 victims in *Orange Martyrs Mairtírigh Oráisteacha*.

NÓTA ÓN BHFOILSITHEOIR

Bhásaigh 3,568 duine de bharr na 'dTrioblóidí' idir 1969 agus 2010. Sa saothar cuimhneacháin seo – ar cuid bheag é den iarracht pobail le haitheantas a thabhairt do na híobartaigh uilig, beag beann ar chúlra, a maraíodh sa gcoimhlint – cuimhnítear ar 295 íobartach. Cuimhnítear ar 342 íobartach in *Orange Martyrs Mairtírigh Oráisteacha* leis an údar céanna.

Contents *Clár an Ábhair*

Foreword	Réamhfhocal	i
Introduction	Intreoir	iii
Chronology of Atrocities	Croineolaíocht Áir	xii
Aldershot	22 February 1972	1
Ballygawley	20 August 1988	3
Ballymurphy	9 - 11 August 1971	5
Belfast	21 July 1972	9
The Netherlands	22 March 1979	11
Holland	1 May 1988	12
Roermond	27 May 1990	13
Bielenfeld, Germany	16 February 1980	14
Ostend, Belgian	12 August 1988	15
Unna, Germany	7 September 1989	16
Wildenrath, Germany	26 October 1989	17
Birmingham	21 November 1974	18
Bloody Sunday	30 January 1972	23
Narrow Water	27 August 1979	26
Lisburn	15 June 1988	29
Old Bailey	23 September 1973	31
	9 April 1974 & 17 July 1974	31
Guilford	5 October 1974	32
Hilton Hotel	5 September 1975	33
Green Park Tube Station	9 October 1975	34
Walton's Restaurant	18 November 1975	35
Chelsea	27 November 1974	37
Hyde Park & Regent's Park	20 July 1982	38
Harrods	17 December 1983	41
Brighton Hotel	12 October 1984	43
Deal Barracks	22 September 1989	45
High Street Wembley	16 May 1990	47
Lichfield City Railway Station	1 June 1990	48
Carlton Club	25 June 1990	49
Victoria Station	25 November 1974	50
Baltic Exchange	10 April 1992	51
Covent Garden	12 October 1992	52
Warrington	20 March 1993	53
Bishopsgate	24 April 1993	54
London Docklands	9 February 1996	55
Catholic & Protestant	23 January 1977	56
Claudy	31 July 1972	57
Coleraine	12 June 1973	59
Two Corporals	19 March 1988	61
Darkley	20 November 1983	62
Dublin	17 May 1974	63
Enniskillen	8 November 1987	69
Kingmills	5 January 1976	72
La Mon	17 February 1978	74
Loughinisland	18 June 1994	77
M62	4 February 1974	79

Contents *Clár an Ábhair*

Miami Show Band	*31 July 1975*	82
Monaghan	*17 May 1974*	83
Protestants	*21 July 1972*	85
Newry	*28 February 1985*	86
Omagh	*15 August 1998*	88
Ormeau Road	*5 February 1992*	94
Sandyford	*21 July 1976*	95
Shankill	*23 October 1993*	96
Teebane	*17 January 1992*	98
Tullyvallen Orange Hall	*1 September 1975*	100
Woolwich	*7 November 1974*	101
Mullaghmore	*27 August 1979*	102
Gresteel	*30 October 1993*	103
Author's Other Publications	Foilseacháin Eile an Údair	105
Index of Personal Names	Innéacs Ainmneacha Pearsanta	106

Foreword

I am sure a lot of people reading this foreword will be surprised that it is written by me, the former First Minister of Northern Ireland - a committed believer in Northern Ireland and its place in the United Kingdom, a woman from the Reformed Protestant faith and someone who is very proud of her Orange heritage.

If you are surprised by me responding positively to a request by the author of this book to pen a foreword, then you surely do not know Ciaran Ó Coigligh! Put simply Ciarán is an incredible person of faith who has always tried to walk in the other person's shoes.

Ciarán wants to understand – Unionism, Britishness, Orangeism and indeed why so many of us are proud of Northern Ireland and Her people despite all the challenges She has faced.

He also wants to understand the trauma and the pain caused by violence, criminality and terrorism.

In this book Ciarán contemplates, in a powerful way, on the violence which beset us for over 30 years. He uses his poetic skills to summarise lives cut short by the harm and poison of terrorism.

Each one of his short poems makes the reader curious for more and I hope when people pick up this book that they then look behind the name and the poem, to find out more about the people commemorated by Ciarán's work.

I count it a great privilege to commend this piece of work to you the reader. It is written in English and Irish, as Ciarán is committed to both languages. He is someone who respects and loves the Irish language and certainly would never use it as a weapon against his fellow citizens. For me Ciarán is all that is good about Irishness, and I am proud to know him and call him a friend.

I hope you enjoy reading this book of reflective and beautiful short poems.

Baroness Arlene Foster of Aghadrumsee, DBE PC

Réamhrá

Tá mé cinnte go mbeidh ionatas ar go leor a léifeas an réamhrá seo gur mise, iar-Chéad Aire Thuaisceart Éireann – duine atá tiomnaithe do Thuaisceart Éireann agus dá áit sa Ríocht Aontaithe, bean de chuid an chreidimh Leasaithe Phrotastúnaigh agus duine atá bródúil as a hoidhreacht Oráisteach a scríobh é.

Más údar iontais duit gur freagra dearfach a thug mé ar iarratas údar an leabhair seo réamhrá a scríobh, bhoil, is cinnte nach bhfuil aithne agat ar Chiarán Ó Coigligh! Lena chur go simplí is creidmheach Ciarán a dhéanas iarracht i gcónaí siúl i mbróga an duine eile.

Is mian le Ciarán an tAontachas, an Briotanachas, an tOráisteachas a thuiscint agus go deimhin a thuiscint cad chuige a bhfuil a oiread sin againn bródúil as Tuaisceart Éireann, as a phobal, agus as na dúshláin a cuireadh roimhe.

An tráma agus an phian a thúsaigh an foréigean, an choiriúlacht agus an sceimhlitheoireacht, is mian leis iad sin a thuiscint, freisin.

Sa leabhar seo, déanann Ciarán a mharana ar an bhforéigean a bhí sa mullach orain ar feadh os cionn deich mbliana fichead, agus déanann sé é sin ar bhealach cumasach.

Spreagann gach uile cheann dá chuid dánta fiosracht an léitheora agus is é an tsúil atá agam nuair a phiocfas daoine suas an leabhar seo go bhféacha siad le gabháil ar chúla an ainm agus an dáin le tuilleadh eolais a aimsiú fúthú siúd atá dá gcomóradh i saothar Chiaráin.

Tá ríméad orm an píosa oibre seo a mholadh duitse, a léitheoir. Is i mBéarla agus i nGaeilge atá sé scríofa arae tá Ciarán tiomnaithe don dá theanga. Is duine é a bhfuil meas agus cion aige ar an nGaeilge agus is cinnte nach mbainfeadh sé gaisneas aisti mar ghléas troda in éadan a chuid comh-shaoránach. Is comhartha Ciarán dom-sa ar gach a bhfuil fiúntach faoin Éireannachas agus tá bród orm aithne a bheith agam air agus caraid a thabhairt air.

Tá súil agam go mbaine tú sásamh as léamh an leabhair seo a bhfuil dánta maranacha áille inti.

Áirléana Fuiréast Bantiarna Achadh Dhroim Saileach, DEP PC

INTRODUCTION

I grew up in the working-class neighbourhood of Finglas, Dublin, on the perimeter of the city and adjacent a rich countryside. The community was a mixture of rural migrants and relocated former inner-city tenement dwellers. Parents and teachers frequently used corporal punishment. Boys and young men often resolved personal or group conflicts through fighting. Some engaged in random acts of physical violence for personal gratification or to establish authority.

My maternal family background includes eviction for Fenian activism in the 19th century, and involvement in militant republicanism throughout the 20th century. My paternal background includes appalling abuse at the hands of the Black and Tans, the sacking of the familial home and shooting at my grandfather (who had no political or paramilitary involvement) as he escaped through the fields. This background, combined with the folk memory of those who died in the 1916 Insurrection, the War of Independence, the Civil War, and on hunger strike in prison at the hands of the forces of the (then) Free State / (now) Republic of Ireland, was powerfully transmitted in story and song, by my father who was a member of many Catholic organisations, a trades-union activist and a Labour Party supporter. These strong familial influences along with the subcultural presence of the republican youth group Fianna Éireann and its parent organisation, the IRA, in Finglas, caused the emotional impact of political unrest, including terrorism, in Northern Ireland to be immediate, powerful, troubling and prolonged.

Finglas man, Jack McCabe (55)[1], blew himself up when preparing a bomb for transportation to Northern Ireland. Finglas Sinn Féin public representative, Dessie Ellis TD, was imprisoned for possession of explosive devices and was the first person extradited to Britain to face charges which were eventually dismissed.

Violence has been an immediate and traumatic presence in the life of many people on the island of Ireland. These are troubling recollections, despite the passing of time, and notwithstanding the fact that imputability and responsibility for an action can be diminished or even nullified by ignorance, inadvertence, duress, fear, habit, inordinate attachments and other psychological or social factors.[2]

Grace is *favour*, the free and undeserved help that God gives us to respond to his call to become children of God… partakers of the divine nature and of eternal life.[3] Please God, this work may be an occasion or channel of grace.

Dublin was not unscathed by the terror of the Troubles. On the 3rd of April, 1970, Garda Richard Fallon (44)[4], married, with five children, confronted armed bank robbers, on Arran Quay, and was brutally murdered.

Peter Graham (26)[5], from the Coombe, in inner-city Dublin, the founder of the (Labour Party) Young Socialists, became Unit Officer Commanding of republican Trotskyist-leaning Saor Éire in Dublin. He was tortured with a hammer, shot in the neck and brutally murdered by his comrades in his flat in the apartment block where he lived, off Stephen's Green. No one was ever convicted for his murder. Other Saor Éire members were charged with capital murder (of which they were acquitted) and jailed in Portlaoise Prison for numerous bank robberies.

---

[1] David McKittrick, Seamus Kelters, Brian Feeney and Chris Thornton (eds), *Lost Lives* (Edinburgh: Mainstream Publishing Company, 1999), p. 135 § 229.
[2] *Catechism of the Catholic Church* (Dublin: Veritas, 1994) p. 389, § 1735.
[3] Ibid., p. 434, § 1996.
[4] McKittrick et al, p. 48 §22.
[5] Ibid., p. 110 §158.

Between 26 November, 1972 and 20 January, 1973, there were four paramilitary bombings in the centre of Dublin. Three civilians were killed and 185 people were injured.

On the 17 May, 1974, without warning, three car bombs exploded in Dublin city centre at Parnell Street, Talbot Street and South Leinster Street.

Twenty-three people died in these explosions and three others died, subsequently, from their injuries. Many of the dead were young women from rural locations employed in the civil service. An entire family from central Dublin was killed. Two of the victims were foreign: an Italian man, and a French Jewish woman whose family had survived the Holocaust.

On the 11th September, 1975, an armed robbery was carried out at the Bank of Ireland, in Killester, resulting in the murder of Garda Michael Reynolds (27)[6] who gave chase to the fleeing robbers.

The British Ambassador to Ireland Christopher Ewart-Biggs (54)[7], a veteran of the Second World War and his colleague Judith Cook (27)[8] were murdered by a brutal IRA land mine on the 21st July 1976. I recall the shock of hearing of the assassinations on the radio.

On 25 March, 1983, Brian Stack (47)[9], a prison officer was murdered outside the National Stadium.

Eamonn Maguire (33)[10], a Gaelic speaker from Finglas and a former member of Provisional Sinn Féin IRA, was abducted, tortured and murdered by his erstwhile comrades. His body was dumped on the Dublin to (London)Derry Road, near Cullaville, in South Armagh a week after his kidnap on the 1st September 1987.

Atrocity Ár is a work of remembrance of those who were murdered in the Troubles. It is a gesture of solidarity with survivors. And it is also a work of atonement for the havoc, mayhem and death which was visited on us all.

A haiku is a 3-verse poem of 17 syllables in the form: 5+7+5. I try to capture the essence of the murder victim and the murder in each haiku. The only time differences in meaning arise between the English and Gaelic is when metrical requirements disallow total semantic equivalence.

The purpose of the work is threefold:

(1) to name and give poetic expression to the lives of the victims by focusing on their humanity, the ordinary, mundane aspects of their lives, their goodness, their decency, their integrity, their commitment to family, community, church; and in so many cases, their patent sanctity;

(2) to bring some comfort to those who survive; and,

(3) to engage people on whom the thirty years of terror known euphemistically as 'the Troubles' has had a significant effect, and people for whom Irish Gaelic is a significant aspect of their cultural identity.

---

[6] McKittrick et al, p. 576 §1471.
[7] Ibid., p. 663 §1759.
[8] Ibid., p. 665 §1760.
[9] https://en.wikipedia.org/wiki/Shooting_of_Brian_Stack (referenced on 29 April 2025).
[10] McKittrick et al p. 1089 § 2871.

The joy of seeing this work brought to the public is overshadowed by the shocking reality of the brutal murder of the victims who are its subject.

For almost a decade, I have been engaged on this project of remembrance of the victims of almost 40 atrocities relating to the Troubles, or the Terror. I have written the work in Irish Gaelic because as a person of Gaelic, Catholic, nationalist background, the language is crucial to my sense of identity, as it is the medium for the transition of the enormously rich inheritance and vibrant current phenomenon that is Gaelic culture.

I have written the work in English because it is the first language of the vast majority of people on the island of Ireland. It is also a crucial part of our sense of identity as it gives expression to an enormously rich Hiberno-English cultural inheritance.

I am extremely sensitive to the fact that for many members of the Unionist family, the politicisation and weaponisation of Irish Gaelic causes them great unease. I hope it will be apparent to those who grieve that I have written from a perspective of respect for the dignity of each and every one of the victims. I hope, too, that the use of Gaelic will be seen as an attempt to clothe the victims, their families and their community in the warm protective embrace of the words of a language which is spoken not just in Ireland, but in Scotland and the Isle of Man, and which is an integral part of both Irish and British heritage.

The deaths of 3,568 victims of the Troubles, including the 295 who are commemorated in this work, constituted a familial, communal, and societal loss of inestimable proportions. Of these, 342 were members of the Orange Order whom I have commemorated in *Orange Martyrs Mairtírigh Oráisteacha*.

I am deeply conscious of those who grieve these truly shocking losses, and of the many injured and traumatised, throughout Northern Ireland, the Republic of Ireland, Great Britain and further a-field.

File is the Gaelic word for *poet* and implies 'one who sees (into the future)'. The Gaelic word *dán* has a variety of meanings including 'poem, gift, craft, calling'. I have been pursuing a vocation, a calling to look closely at a shocking aspect of our recent history and to utilise the artistic medium of poetry to transcend, that is, to go beyond the horror and strive for truth which ultimately is God.

The great and prolific Polish poet Karol Józef Wojtyła, now known as Saint Pope John Paul II, said that every creative artist is working in collaboration with the Divine Artist whether or not he knows it.[11] I believe that.

He also said that all literature is autobiographical and that to read an author's work is to come to know the author. I hope that those who read this book will not be disappointed in the person they come to know, although he very much has feet of clay.

Karol Wojtyła called on bended knee for a cessation of violence in his powerful homily, at Drogheda, on the 29th September 1979, the year in which I took up my permanent academic appointment, and the year of a murderous attack on Dame Arlene Foster's father. He also called for protection of the sanctity of life. His words were prophetic and we ignore them at our peril.

Sammy Heenan, a well-known survivors' advocate, shared with me his horrific and traumatic experience of being in bed at 7.00 a.m. as his father tended livestock, and hearing a gun shot and a shout, seeing his father's car reversed past the window, going outside and seeing his father lying on his back at the end of a trail of blood, seeing blood coming from his back and his

---

[11] https://www.vatican.va/content/john-paul-ii/en/letters/1999/documents/hf_jp-ii_let_23041999_artists.html.

mouth, then, running half a mile to a Catholic neighbour's house shouting, 'Daddy's shot, Daddy's shot'.

My encounter with Sammy Heenan profoundly impacted me. It encouraged me to include the members of the Orange Order, including his father, who had been murdered during the Troubles, in the larger literary project on which I had already embarked, which involved remembering every victim of atrocities in Northern Ireland, the Republic of Ireland, England, Belgium, Germany, and the Netherlands.

I owe an enormous debt of gratitude to Yellow House Publishing, and publisher Christoph Thackaberry, for committing to publish this work and for so much fellowship.

Victim 234 who is remembered in *Orange Martyrs Mairtírigh Oráisteacha* was a member of the Democratic Unionist Party (DUP). 234 is the number of a house in which I lived for many years, and where my 99-year-old Gaelic-speaking mother still resides. I do not believe in coincidences.

No one could be unmoved by the horrendous childhood and teenage experiences of Dame Arlene Foster, whose father was the subject of an attempted murder in the family home which had to be vacated thereafter, and whose school bus was bombed, gravely injuring the girl sitting next to Arlene, who acted heroically in support of her fellow schoolmates.

At the 2019 DUP Conference, Dame Arlene Foster had the following to say:

> It is not incompatible to be an Irish-language speaker and a Unionist.
>
> Northern Ireland can accommodate everyone's culture.
>
> We want to rekindle a generosity of spirit; help our friends and neighbours; value the contribution of older citizens; help the more vulnerable in society; and most importantly value the sanctity of life.
>
> We recognise there are many for whom Irish Gaelic is an intrinsic part of who they are.
>
> I promise to craft language and culture laws that facilitate those who speak the language, but do not inappropriately infringe on or threaten others.

I am extremely grateful to Dame Foster for readily agreeing to write the Foreward. *Go raibh míle maith agat agus go mba fada buan thú, a Áirléana!*

My disavowal of support for militant separatism arose from my understanding of the sanctity of life from the moment of conception to the moment of natural death. My friend John O Reilly and closest lifelong friend Séamas de Barra have been the outstanding proponents of that understanding in the Republic of Ireland for over fifty years. They have also been tireless in promoting the value of marriage and family life, and in challenging the essential nihilism of secular relativism. They were always prepared to offer advice and encouragement whenever I felt it incumbent to take a stand in academia or in wider society on a given issue. Thank you, gentlemen!

The biblically based policies of the DUP, particularly its support for the protection of life, and the promotion of marriage and the family are what drew me to the Party of which I have been a proud and active Associate Member for almost a decade.

Ciarán Ó Coigligh

29 April 2025

Intreoir

Rugadh mise i bhFionnghlas, ceantar de chuid na cosmhuintire ar cholbha na cathrach a raibh talamh breá saibhir buailte air. Is éard a bhí sa bpobal meascán daoine ó gach uile áit faoin tír agus daoine a d'athlonnaigh as tionóntáin i lár na cathrach. Bhaineadh aithreacha agus máithreacha agus múinteoirí gaisneas as an bpionós corpartha go minic. Théadh buachaillí agus ógfhir i mbun troda le haighnis phearsnata nó ghrúpa a réiteach. Bhaineadh cuid acu gaisneas as bearta fánacha foréigin fhisiciúil ar mhaithe le hiad féin a shásamh nó lena gcuid údaráis a chur i gcéill.

Cuireadh muintir mo mháthar as seilbh a gcuid talún sa 19ú haois i ngeall ar ghníomhachas Finíneach, agus bhí baint ag cuid acu le poblachtánachas míleata i gcaitheamh na fichiú haoise. Caitheadh go dona le muintir m'athar ag an Dubhchrónaigh, scriosadh teach an teaghlaigh agus caitheadh le m'athair mór (nach raibh aon bhaint aige le paramíleatachas) agus é ag teitheadh trí na buailteacha. Ceanglaíodh an cúlra seo le seanchas an phobail ina dtaobh siúd a bhásaigh in Éirí Amach 1916, i gCogadh na Saoirse, i gCogadh na gCarad, agus ar stailc ocrais sa bpríosún ag fórsaí an tSaor-Stáit (ar dtús) agus ag fórsaí Phoblacht na hÉireann (ar ball) – seanchas a sheol m'athair ar aghaidh chugainn go cumasach i gcruth scéalta agus amhrán. Ba bhall eisean d'eagrais Chaitliceacha go leor agus ba ghníomhaí ceardchumainn é a vótáil ar son Pháirtí an Lucht Oibre.

Ba iad na hanálacha láidre clainne seo i dteannta fho-chultúr Fhianna Éireann, ógeagras an IRA, i bFionnghlas, faoi deara go ndeachaigh an míshuaimhneas polaitiúil i dTuaisceart Éireann, sceimhlitheoireacht san áireamh, i gcion láithreach ar bhealach a bhí cumhachtach trioblóideach agus fadmharthanach.

Mharaigh an Fionnghlasach Jeaic Mac Cába (55)[12] é féin nuair a phléasc buama a bhí sé a réiteach lena iompar go Tuaisceart Éireann. Chuaigh príosún ar Dheasún Éilias TD Sinn Féin as ucht goiris phléascacha a bheith ina sheilbh agus ba é an chéad duine é a eiseachadadh don Bhreatain Mhór le cúiseanna a fhreagairt, cúiseanna a caitheadh amach sa deireadh.

Theagmhaigh an foréigean polaitíochta le daoine go leor ar fud oileán na hÉireann agus d'fhág cráite iad. Is údar imní na cuimhní seo in ainneoin chaitheamh an ama, agus in ainneoin go dtig líomhain nó freagracht as gníomh a laghdú nó a chur ar ceal go fiú má bhíonn aineolas, ceal smaoinimh, brú, cleachtadh, baint as cuimse nó nithe síceolaíochta nó sóisialta eile i gceist.[13]

Is *fabhar* an grásta, cúnamh saor in aisce neamhthuillte a thugas Dia dúinn go bhfreagraí muid dá ghairm a bheith inár gclann Dé agus inár rannpháirtithe sa nádúr diaga agus sa mbeatha shíoraí.[14] Go dtuga Dia gur ócáid nó bealach grásta an saothar seo.

---

[12] David McKittrick, Seamus Kelters, Brian Feeney and Chris Thornton (eds), *Lost Lives* (Edinburgh: Mainstream Publishing Company, 1999), p. 135 § 229.

[13] *Catechism of the Catholic Church (CCC)*, (Dublin: Veritas, 1994) p. 389, § 1735.
[14] *Ibid.*, p. 434, § 1996.

Níor tháinig Duibhlinn slán ó scéin na dTrioblóidí. Ar an 3ú Aibreán 1970, maraíodh go brúidiúil an Garda Risteard Ó Fallúin (44)[15], fear pósta a raibh cúigear clainne aige, nuair a thug sé faoi robálaithe armtha bainc ar Chéibh Árann.

Peadar Ó Gréacháin (26)[16] a mba as an gCom, i lár Dhuibhlinne é – an té a bhunaigh na Sóisialaithe Óga (de chuid Pháirtí an Lucht Oibre) – rinneadh de Oifigeach Ceannais Aonaid de chuid Shaor Éire, eagras poblachtach a raibh leagan amach Trotscaíoch aige. Céasadh é le casúr, caitheadh sa muineál agus dúnmharaíodh go brúidiúil é ag a chomrádaithe ina árasán gar d'Fhaiche Stiabhna. Níor ciontaíodh duine ar bith riamh ina dhúnmharú. Cuireadh cion báis i leith ball eile de Shaor Éire ach fríth neamhchiontach iad agus cuireadh príosún orthu i dtaobh meall robálacha bainc.

Idir 26 Samhain 1972 agus 20 Eanáir 1973, tharla ceithre cinn de bhuamálacha paraimíleata i lár Dhuibhlinne. Maraíodh triúr sibhialtach agus gortaíodh 185 duine.

Ar an 17 Bealtaine 1974, phléasc trí cinn de bhuamaí gan choinne i lár Dhuibhlinne ag Sráid Parnell, Sráid an Talbóidigh agus Sráid Laighean Theas.

Bhásaigh 23 duine sna pléascanna seo agus bhásaigh triúr eile, ar ball, de bharr a gcuid gortuithe. Ba mhná óga go leor de na mairbh de bhunadh na tuaithe a bhí fostaithe sa tSeirbhís Phoiblí. Maraíodh teaghlach iomlán as lár Dhuibhlinne. Ba choimhthígh beirt de na híobartaigh: Iodálach fir, agus Giúdach mná Franacach ar tháinig a clann slán ón Uile-Loscadh.

Ar an 11ú Meán Fómhair 1975 tharla robáil armtha ag Banc na hÉireann, i gCill Easra, ba chionsiocair le dúnmharú an Gharda Micheál Mac Ránaill (27)[17] a chuaigh sa tóir ar na robálaithe agus iad ar a dteitheadh.

Mianach talún brúidiúil de chuid an IRA a dhúnmharaigh Ambasadóir na Breataine Móire chun na hÉireann Críostóir Éadbhardach Beig (54)[18] seanóir de chuid an Dara Cogaidh Mhóir agus a comhghleacaí Síle Iníon an Chócaire (27)[19]. Is cumhneach liom an croitheadh a baineadh asam nuair a d'airigh mé scéal an uafáis ar an raidió.

Ar an 25ú Márta 1983, dúnmharaíodh Brian de Staic (57)[20], oifigeach príosúin taobh amuigh den Staid Náisiúnta.

Éamann Mag Uidhir (33)[21] cainteoir Gaeilge as Fionnghlas agus iar-bhall de Shinn Féin IRA Sealadach, fuadaíodh é ar an 26ú Lúnasa 1987, céasadh agus dúnmharaíodh é ag a iar-chomrádaithe. Dumpáladh a chorp ar an mbóthar as Duibhlinn go (Londain-)Doire, i ngar do Bhaile Mhic Cullach, i nDeisceart Ard Mhacha, ar an 1ú lá de Mheán Fómhair.

---

[15] McKittrick et al, p. 48 §22
[16] Ibid., p. 110 §158.
[17] McKittrick et al, p. 576 §1471.
[18] Ibid., p. 663 §1759.
[19] Ibid., p. 665 §1760.
[20] https://en.wikipedia.org/wiki/Shooting_of_Brian_Stack (referenced on 29 April 2025).
[21] McKittrick et al p. 1089 § 2871.

Is saothar cuimhneacháin *Atrocity Ár* orthu siúd a dúnmharaíodh sna Trioblóidí. Is comhartha comhghuaillíochta é leo siúd a tháinig slán. Agus is saothar leorghnímh é ar an scrios, ar an gcíor thuathail, agus ar an mbás a theagmhaigh linn uilig.

Is éard é hadhcú dán 3-véarsa de 17 siolla sa gcruth: 5+7+5. D'fhéach mé le gabháil go croí an íobartaigh a dún-mharaíodh agus go croí an dún-mharaithe i ngach uile hadhcú. Is é an t-aon uair a dtarlaíonn difríochtaí céille idir an Béarla agus an Ghaeilge nuair nach gceadaíonn na riachtanais mheadarachta comhchiall shéimeantach iomlán.

Trí aidhm atá leis an saothar:

(1) na híobartaigh a ainmniú agus cuntas fileata a thabhairt ar a mbeatha trí aird a thabhairt ar a ndaonnacht, ar ghnáth-ghnéithe laethúla a mbeatha, ar an maitheas a bhain dóibh, ar an macántacht, ar a n-ionracas, ar a dtiomantacht don teaghlach, don comhluadar, don eaglais; agus i gcásanna go leor, ar a mbeannaitheacht shuntasach.

(2) sólás éigin a thabhairt dóibh siúl a mhaireas; agus

(3) teagmháil a dhéanamh le daoine a raibh anáil shuntasach ag na deich mbliana fichead de scéin a dtugtar na 'Trioblóidí' orthu le neart-teann sofhriotail, agus le daoine ar gné shuntasach dá bhféiniúlacht chultúrtha an Ghaeilge.

An rímead atá orm an saothar a fheiceáil i gcló, tá scáil dá caitheamh air ag fírinne uafásach dhúnmharú brúidiúil na n-íobartach arb iad a ábhar iad.

Le bunáite deich mbliana, tá mé ag gabháil don fhiontar cuimhneacháin seo ar íobartaigh dhá scór ár ionann is a bhaineas leis na Trioblóidí nó leis an Scéin. Is Caitliceach de bhunadh Gaelach náisiúnach mé agus scríobh mé an saothar i nGaeilge mar go mbaineann an teanga go dlúth le mo thuiscint ar m'fhéiniúlacht, arae is í an meán í le haghaidh an oidhreacht fíor-shaibhir agus an feiniméan beo beathúch arb iad an cultúr Gaelach iad a chaomhúint agus a sheoladh ar aghaidh.

Scríobh mé an saothar i mBéarla arae is é an Béarla chéad teanga fhormhór na ndaoine ar oileán na hÉireann. Is cuid dhlúth é freisin den fhéiniúlacht seo againne arae cuireann sé oidhreacht fíorshaibhir Bhéarla na hÉireann in iúl.

Tuigim go maith gur údar mór míshuaimhnis dá lán den phobal Aontachtach polaitiú agus armáil na Gaeilge. Tá súil agam gur léir dóibh siúd atá cráite gur scríobh mé mé le neart-teann ómóis do dhínit gach uile íobartaigh. Thairis sin, tá súil agam go bhfeicfear úsáid na Gaeilge mar iarracht leis na híobartaigh, a dteaghlaigh, agus a gcomhluadar a chumhdach i mbaclainn focla teanga a labhraítear ní hamháin in Éirinn, ach in Albain, ar Oileán Mhanann agus ar gné bhunúsach í den oidhreacht Bhriotanach agus den oidhreacht Éireannach trí chéile.

Is caill mhór mhillteach ó thaobh na clainne, an chomhluadair agus an tsaoil mhóir de, bás 3,568 íobartach sna Trioblóidí, an 295 a gcuimhnítear orthu sa saothar seo san áireamh. Ba bhaill den Ord Oráisteach 342 díobh seo a ndearna mé comóradh orthu in *Orange Martyrs Mairtírigh Oráisteacha*.

Is údar mór imní dom iad siúd atá cráite faoin gcaill uafásach seo agus is údar mór imní dom freisin iad siúd a gortaíodh agus a fágadh i ndroch-chaoi ar fud Thuaisceart Éireann, Phoblacht na hÉireann, na Breataine Móire agus níos faide i gcéin.

Cuireann an focal *file* 'duine a fheiceas (a bhfuil le teacht)' i gcéill. Tá cialla éagsúla ag an bhfocal *dán* freisin, ina measc 'píosa filíochta, bronntanas, ceird, gairm.' Tá gairm dá leanacht agam-sa le scaitheamh mar atá breathnú go grinn ar ghné uafásach den stair dheireanach seo againne agus féachaint leis an uafás a tharchéimniú, is é sin a shárú, trí ghaisneas a bhaint as meán na filíochta, agus féachaint leis an bhfírinne arb í Dia í a aimsiú.

An file bisiúil mór le rá Polannach Karol Józef Wojtyła, ar fearr aithne air mar Naomh Pápa Eoin Pól II, dúirt seisean go mbíonn gach uile ealaíontóir cruthaitheach ag obair i bpáirt leis an Ealaíontóir Diaga, bíodh a fhios aige é sin nó ná bíodh.[22] Creidim-se é sin.

Dúirt sé freisin go bhfuil an litríocht uilig dírbheathaisnéiseach agus nuair a léitear saothar údair go gcuirtear aithne ar an údar. Tá súil agam nach údar díomá do léitheoirí údar an leabhair seo a gcuirfidh siad aithne air, bíodh is gur duine é a bhfuil a chion féin de lochtanna air.

Ina aitheasc cumasach agus é ar a ghlúine, i nDroichead Átha, d'impigh Karol Wojtyła go gcuirfí deireadh leis an bhforéigean, ar an 29 Meán Fómhair 1979, an mhí chéanna ar thosaigh mise i mo phost buan acadúil agus an bhliain chéanna a ndearnadh ionsaí dúnmharfach ar athair na Bantiarna Áirléana Fuiréast. D'impigh an Pápa freisin go gcosnófaí naofacht na beatha. Ba focla fáidhiúla a chuid focla ar contúirteach an mhaise dúinn gan aird a thabhairt orthu.

Samaí Ó hAonáin urlabhraí cáiliúil ar a son siúd a tháinig slán, d'inis sé dom faoin uafás a bhain dó ina ghasúr aon bhliain déag agus é sa leaba ag 7.00 ar maidin agus a athair ag fosaíocht stoic, nuair a d'airigh sé piléar as gunna agus béic agus nuair a chonaic sé carr a athar dá cúlú siar thar an bhfuinneog, nuair a chuaigh sé amach agus nuair a chonaic sé a athair ina luí ag deireadh sruthaínín fola, nuair a chonaic sé fuil ag teacht óna dhroim agus óna bhéal, agus ansin gur rith sé leathmhíle chomh fada le teach comharsan Caitlicí agus é ag béiceach: 'Tá Deaide caite, tá Deaide caite!'

Chuaigh an teagmháil a bhí agam le Samaí Ó hAonáin i gcion go mór orm. Spreag sé mé le baill an Oird Oráistigh a dúnmharaíodh le linn na dTrioblóidí a chur san áireamh sa bhfiontar liteartha a raibh mé tar éis tús a chur leis cheana féin agus mé ag iarraidh comóradh a dhéanamh ar gach uile ár a tharla i dTuaisceart Éireann, i bPoblacht na hÉireann, i Sasana, sa mBeilg, sa nGhearmáin, agus san Ísiltír.

Tá mé go mór faoi chomaoin ag Yellow House Publishing agus ag an bhfoilsitheoir Christoph Thackaberry a bhí sásta an saothar seo a fhoilsiú agus a roinn a oiread sin cairdis liom.

Ba bhall den Pháirtí Aontachtach Daonlathach (PAD) íobartach 234 in *Orange Martyrs Mairtírigh Oráisteacha*. Is é 234 uimhir an tí ar chónaigh mise ann ar feadh blianta fada agus a bhfuil mo

---

[22] https://www.vatican.va/content/john-paul-ii/en/letters/1999/documents/hf_jp-ii_let_23041999_artists.html.

mháthair ag cónaí ann i gcónaí. Cainteoir Gaeilge 99 bliain d'aois í. Ní chreidim-se sa gcomhtharlú.

Ní aon duine beo nach ngoillfeadh na huafáis a tharla don Bhantiarna Áirléana Fuiréast a ndearnadh iarracht a hathair a dhúnmharú i dteach an teaghlaigh ab éigean a thréigean, agus ar buamáladh a bus scoile agus ar gortaíodh an cailín a bhí ina suí le taobh Áirléana a ghníomhaigh go misniúil a chúnamh dá comhscoláirí.

Ag Cruinniú Cinn Bhliana 2019 an PAD, bhí an méid seo a leanas le rá ag Áirléana Fuiréast:

> Ní fíor nach dtig le cainteoir Gaeilge a bheith ina Aontachtaí.
>
> Tá áit ann i dTuaisceart Éireann do chultúr gach uile dhuine.
>
> Is é an chaoi a bhfuil muid ag iarraidh spiorad na gnaíúlachta a lasadh an athuair; cúnamh a thabhairt do chairde agus do chomharsana; ómós a thaispeáint dá ndéanann seandaoine; cúnamh a thabhairt dóibh siúd atá níos leochailí ná an choitiantacht; agus ómós a thaispeáint do naofacht na beatha.
>
> Aithníonn muid go bhfuil neart daoine ann ar cuid bhunúsach dá bhféiniúlacht an Ghaeilge. Geallaim-se go gcuirfidh mé dlíthe teanga agus cultúir le chéile a dhéanfas éascaíocht dóibh siúd a labhraíos an teanga ach nach gcuirfidh isteach go míchuibhiúil ar dhaoine eile agus nach mbeidh ina mbagairt orthu.

Tá mé fíor-bhuíoch d'Áirléana Fuiréast as ucht a bheith sásta an Réamhrá a scríobh. Go raibh míle maith agat agus go mba fada buan thú, a Áirléana!

Is as an tuiscint a bhí agam ar naofacht na beatha ó nóiméad na giniúna go nóiméad an bháis nádúrtha a fáisceadh mo mhíshásamh leis an scarúnachas míleata. Is iad mo chairde Eoghan Ó Raghallaigh agus Séamas de Barra is mó i bPoblacht na hÉireann a chuir ar son na tuisceana sin le os cionn leathchéad bliain. Chuir siad ar son an phósta agus ar son shaol an teaghlaigh freisin agus in éadan nihileachas bunúsach na coimhneastachta saolta. Bhí siad i gcónaí sásta comhairle agus ugach a thabhairt am ar bith ar airigh mé oibleagáid a bheith orm seasamh a ghlacadh sa saol acadúil nó sa saol poiblí ar cheist áirithe. Go bhfága Dia an tsláinte agaibh, a fheara!

Polasaithe bíobalta an PAD, a dtacaíocht do chosaint na beatha, agus do chothú an phósta agus an teaghlaigh go háirithe, sin iad a mheall mise i dtreo an Pháirtí a bhfuil mé i mo bhall comhlach de le bunáite deich mbliana.

Ciarán Ó Coigligh 29 Aibreán 2025

Chronology of Atrocities *Croineolaíocht Áir*

Ballymurphy	9 - 11 August 1971
Bloody Sunday	30 January 1972
Aldershot	22 February 1972
Belfast	21 July 1972
Protestants	21 July 1972
Claudy	31 July 1972
Coleraine	12 June 1973
Old Bailey	23 September 1973
	9 April 1974 & 17 July 1974
M62	4 February 1974
Dublin	17 May 1974
Monaghan	17 May 1974
Guilford	5 October 1974
Woolwich	7 November 1974
Birmingham	21 November 1974
Chelsea	27 November 1974
Miami Show Band	31 July, 1975
Tullyvallen Orange Hall	1 September, 1975
Hilton Hotel	5 September 1975
Green Park Tube Station	9 October 1975
Walton's Restaurant	18 November 1975
Kingmills	5 January 1976
Sandyford	21 July 1976
Catholic & Protestant	23 January 1977
La Mon	17 February 1978
Netherlands	22 March 1979
Narrow Water	27 August 1979
Mullamore	27 August 1979
Bielenfeld, Germany	16 February 1980
Hyde Park & Regent's Park	20 July 1982
Harrods	17 December 1983
Darkley	20 November 1983
Brighton Hotel	12 October 1984
Newry	28 February, 1985
Enniskillen	8 November, 1987
Two Corporals	19 March 1988
Holland	1 May 1988
Lisburn	15 June 1988
Ostend, Belgian	12 August 1988
Ballygawley	20 August 1988
Unna, Germany	7 September 1989
Deal Barracks	22 September 1989
Wildenrath, Germany	26 October 1989
High Street Wembley	16 May 1990
Lichfield City Railway Station	1 June 1990
Carlton Club	25 June 1990
Victoria Station	25 November 1991
Teebane	17 January 1992
Ormeau Road	5 February, 1992
Baltic Exchange	10 April 1992
Covent Garden	12 October 1992
Warrington	20 March 1993
Bishopsgate	24 April 1993
Shankill	23 October 1993
Gresteel	30 October 1993
Loughinisland	18 June 1994
London Docklands	9 February 1996
Omagh	15 August 1998

Aldershot	**Aldershot**
perpetrated on 22 February 1972	*a rinneadh ar 22 Feabhra 1972*
Gerry Weston (38)	**Gearóid Uastún** (38)
a Catholic priest	sagart Caitliceach
church, community, soldiers	eaglais, pobal, saighdiúirí
he brought together	thug le chéile iad
John Haslar (58)	**Seán Haslar** (58)
single man	fear singil
conscientious gardener	garraíodóir fíor-dhíograiseach
died of fractured skull	blaosc scoilte a mharaigh
Thelma Bosley (44)	**Teilmea Bhóslaí** (44)
humble civilian	sibhialtach fíor-umhal
a cleaner from Sandy Hill	glantóir as Cnoc an Ghainimh
a married woman	bean phósta dhílis
Jill Mansfield (34)	**Gil Mhóinbhíol** (34)
married with one child	pósta, gasúr aici
identified by tattoo	tatú a d'fhág gur aithníodh í
conscientious cleaner	glantóir díograiseach

Aldershot

Joan Lunn (39)
a humble cleaner
married with three grown children
humble civilian

Siobhán Lunn (39)
glantóir úiríseal
pósta agus triúr gasúr aici
sibhialtach fíor-umhal

Chérie Munton (20)
single civilian
a mere twenty years of age
consummate cleaner

Seirí Mhuntún (20)
sibhialtach singil
scór blianta d'aois ar éigean
glantóir den chéad scoth

Margaret Grant (32)
consummate cleaner
mother of four young children
a sergeant's wife

Maighréad Ghrant (32)
glantóir díograiseach
máthair ceathrar gasúr lag
bean sáirsint airm

*19 injured in the bombing.

*19 a gortaíodh sa mbuamáil.

Ballygawley

perpetrated on 20 August 1988

Jayson Burfitt (19)
Bath, Avon, Tyrone –
light infantry regiment –
fatal bus journey

Richard Greener (21)
single man from Wear:
'water' or 'river of blood' –
anonymity

Mark Norsworthy (18)
a single soldier
Mark Anthony 'Northvalley'
from Plymouth, Devon

Stephen Wilkinson (18)
from Stanley, Durham –
top cadet in eighty-eight
in North-East England

Jason Winter (19)
soldier thirteen months –
from Taunton in Somerset –
first-battalion vet

Baile Geithligh

a rinneadh ar 20 Lúnasa 1988

Iasón Lomchosach (19)
Bat, Abhainn, Tír Eoghain –
reisimint coise éadrom –
aistear bus marfach

Risteard Ó Grianáin (21)
aon as áit dár ciall
'uisce' nó 'abhainn fola' –
gar-anaithnideacht

Marcas an Ghleanna Thuaidh (18)
saighdiúirín singil
Marcas Antaine an Ghleanna Thuaidh
as 'béal crainn phlumaí'

Stiofán Uilcín (18)
as Stainléigh, Dún Í –
dalta airm na bliana
i Sacsain Thoir Thuaidh

Iasón an Gheimhridh (19)
saighdiúir trí mhí dhéag –
feirm bhaile, tír samhraidh –
comhalta an chéad chathláin

Ballygawley *Baile Geithligh*

Blair Bishop (19)

a good soldier's son –

special air service member –

like father like son

Alexander Lewis (18)

a single soldier –

light infantry regiment –

Salisbury Celt

Peter Bullock (21)

many good people

in Northern Ireland, he said –

he their defender

Blárach Mac an Easpaig (19)

mac saighdiúra dhil –

aer-sheirbhís speisialta –

gach mac mar a oiltear

Alsandar Lobhaois (18)

saighdiúir singil dil –

reisimint coise éadrom –

Ceilt as buirg saile

Peadar an Bhulláin (21)

neart daoine maithe

i dTuaisceart Éireann, dar leis –

fear cosanta eisean

Ballymurphy

perpetrated on 9 - 11 August 1971

Malcolm Hatton (19)
one of Green Howards
Patrick McAdorey shot
dear husband of Liz

Patrick McAdorey (24)
machinist, 'volunteer'
killed Malcolm Haton, McCaigs
Dougald McCaughey?

Leo McGuigan (16)
a boy throwing stones
an apprentice car sprayer
died of ricochet

Sarah Worthington (50)
fleeing from her home
a mother of nine children
victim of error

Hugh Mullan (40)
contested shooting
in a Springmartin estate
Portaferry priest

Baile Uí Mhurchú

a rinneadh ar 9 - 11 Lúnasa 1971

Maol Cholim Mac Giolla Chatáin (19)
sna hÍomhair Uaine
Mac an Deoraidh an fear a chaith
fear dil Liosaibeit

Pádraig Mac an Deoraidh (24)
meaisíneoir, 'óglach'
mharaigh Mac Giolla Chatáin
Mic Thaidhg, Mac Eachaidh?

Leon Mac Uiginn (16)
leaid ag caitheamh cloch
printíseach spraeálaí carr
d'éag d'ath-scinn urchair

Sorcha Bhurtaingtean (50)
ag tréigean a tí
máthair naonúr clainne, muis
íobartach dearmaid

Aodh Mac Maoláin (40)
marú conspóideach
in eastát Thobar Mháirtín
sagart Phort an Pheire

Ballymurphy *Baile Uí Mhurchú*

Frank Quinn (19)
helped shooting victim
his shirt a staunching towel
married with one child

Frainc Ó Coinn (19)
d'fhóin d'fhear a leonadh
tuáille téachtaithe a léine
pósta, athair linbh

Joan Connolly (50)
a mother of eight
mother-in-law of Green Howard
shot, head blown away

Siobhán Uí Chonghaile (50)
máthair dhil ochtair
cleamhnaí baill Íomhar Uaine
leonta, a ceann séidte

Noel Phillips (20)
single civilian
body found on riverbank
shooter contested

Nollaig Mac Philib (20)
sibhialtach singil
frith a chorp ar bhruach na habhann
sárú faoin lámhachóir

Daniel Teggart (44)
a father of ten –
son murdered by IRA –
Dan's death contested

Dainéil Mac an tSagairt (44)
athair dil deichniúir –
IRA a dhún-mharaigh a mhac –
sárú faoi bhás Dan

William Atwell (40)
security guard –
a nail bomb smashed his brave skull –
coffin, sash, banner

Uilliam Atual (40)
garda slándála –
buama tairní a scoilt a cheann –
cónra, sais, meirge

Ballymurphy *Baile Uí Mhurchú*

Francis McGuinness (17)
a soldier's bullet
a tiny hole in his chest
last rites in a school

Desmond Healey (14)
a petrol bomber
shot by a British soldier –
a mere stone thrower

Hugh Herron (31)
a married salesman –
Drum-leck Drive in Shantallow –
innocent victim?

John Beattie (17)
a sniper's bullet
mortally wounded his heart
in dad's hijacked van

Edward Doherty (28)
late of Iveagh Street
fleeing or flinging a bomb –
soldiers in retreat

Proinsias Mac Aonasa (17)
urchar saighdiúra
poillín beag ina chliabhrach
ola dheiridh i scoil

Deasún Ó hÉilí (14)
buamaire peitril
a chaith saighdiúil Briotanach –
caiteoir cloch más fíor

Aodh Ó hEaráin (31)
díoltóir fir pósta –
Droim Leice sa Seantalamh –
íobartach gan smál?

Seán Mac Biataigh (17)
piléar naoscaire
a ghoin go héag é sa gcroí
i veain fhuadaithe a athar

Éamann Ó Dochartaigh (28)
as Sráid Uíbh Eachach
ag teitheadh nó ag caitheadh buama –
saighdiúirí ar teitheadh

Ballymurphy *Baile Uí Mhurchú*

John Laverty (20)
bullet in the back –
a bar man and labourer –
may have been beaten

Seán Mac Fhlaith-bheartaigh (20)
piléar in sa droim –
freastalaí beáir is sclábhaí –
buaileadh é má b'fhíor

William Stronge (46)
IRA gunshot
good Samaritan helping
relatives to move

Uilliam Láidir (46)
poblachtach a chaith
an Samaratánach maith
a chúnamh dá dhream

William McKavanagh (21)
stopped in possession
of looted fishing waders
a day of rioting

Liam Mac an Mhanaigh (21)
stopadh é i seilbh
buaitisí ceathrún creachta
lá círéibeanna

Seamus Simpson (21)
a Belfast Brigade
volunteer, E company
second battalion

Séamas Mac Shim (21)
Briogáid Bhéal Feirste
óglach de chuid chomplacht E
dara cathlán

Paddy McCarthy (44)
a brave youth worker
helping displaced families
abused by soldiers

Peaidí Mac Cárthaigh (44)
oibrí óige dil
a chúnamh do theifigh thrua
droch-íde ó shaighdiúir

Alfons Cunningham (13)
a hijack attempt
of a gang who rocked a car
certain cause of death

Alfonsas Mac Cuinneagáin (13)
iarracht fuadaithe
droinge a bhain fíor-chroithedh as carr
ba chionsiocair bháis

Belfast

perpetrated on 21 July 1972

Robert Gibson (45)
chorister, orangeman
five children, reserve police
Raffrey fellowship

William Crothers (15)
Parker Street, Belfast
an Ulsterbus employee
a great footballer

William Irvine (18)
from Glenallen Street
clerk in parcels office
Ulsterbus employed

Thomas Killops (39)
orange banner maker
Knockbracken Lodge member
lived Breeda Terrace

Stephen Cooper (19)
squadron thirty-two
royal corps of transport driver
proud Leicester soldier

Béal Feirste

a rinneadh ar 21 Iúil 1972

Roibeard Mac Gib (45)
ball cóir, fear buí
athair cúigir, póilí taca
muintearas Rafraí

Uilliam Dún Ruairí (15)
Sráid Pháircéir, Béal Feirste
fostaí de chuid Bhus Uladh
peileadóir fiúntach

Uilliam Ó hEireamhóin (18)
as Sráid Ghleann Ailín
cléireach in oifig na mbeart
fostaí Bhus Uladh

Tomás Mac Philib (39)
déantóir meirgí buí
ball loiste Chnoc Bhreacáin é
Ardán Bhríde a áit

Stiofán Cúipéir (19)
scuadrún tríocha a dó
tiománaí chór ríoga iompair
saighdiúir as Leicstear

Belfast *Béal Feirste*

Philip Price (27)
an army sergeant
Trelaw, Glamorgan native
Welsh Guards member

Pilib Prís (27)
sairsint airm é
Baile Alábh, tír Mhuireagáin
Garda Breatnach

Margaret O Hare (37)
buried married day
mother of seven children
Brigid's Malone Road

Maighréad Uí Ír (37)
cothrom pósta a cuireadh
máthair dhil seachtar clainne
Cill Bhríde, Bóthar Mhaoil Eoin

Stephen Parker (14)
a French-horn player
foretold awful tragedy
tried to save others

Stiofán Páircéir (14)
chas an corn Francach
físí a thuar tubaist rí-mhór
shíl daoine a tharrtháil

Brigid Murray (65)
from the Antrim Road
killed by Cavehill Road car bomb
Catholic woman

Bríd Ní Mhuirí (65)
as Bóthar Aontroma
buama Bhóthar Bhinn Uamha a mharaigh
Caitliceach mná

The Netherlands

perpetrated on 22 March 1979

Sir Richard Sykes (58)
murdered with valet
diplomat, joined, three children
authored care guidelines

Karel Straub (19)
murdered in the Hague
fine ambassador's valet
attending his boss

An Ísiltír

a rinneadh ar 22 Márta 1979

Sior Risteard Síc (58)
d'éag lena ghiolla
taidhliúir, pósta, triúr gasúr
údar ar shlándáil

Carl Stráb (19)
dún-mharaithe sa Háig
giolla ambasadóra cóir
ag fónamh dá cheann

Holland

perpetrated on 1 May 1988

Ian Shinner (20)

fast asleep in car –
three soldiers sharing death-bed –
his two friends wounded

John Millar Reid (22)

senior aircraft man
one friend murdered, one injured
a tragic night out

An Olainn

a rinneadh ar 1 Bealtaine 1988

Ian Scinéir (20)

ina chodladh i gcarr –
triúr saighdiúirí i leaba bháis –
gortaíodh a bheirt chairde

Seán Milleorach Ó Maoil Deirg (22)

ard-fhear aer-árthaí
d'éag caraid, gortaíodh caraid
oíche amach léanmhar

Roermond

perpetrated on 27 May 1990

Nick Spanos (28)
London based lawyer
mistaken identity
dining with close friends

Stephen Melrose (24)
dining with wife
mistaken identity
two friends also there

Roermond

a rinneadh ar 27 Bealtaine 1990

Nioc Spanas (28)
fear dlí i Londain
aithne bhréagach is cosúil
ag ithe le cairde

Stiofán Maol Rosa (24)
ag ithe lena bhean
aithne bhréagach is cosúil
beirt chairde ann freisin

Bielefeld, Germany

perpetrated on 16 February 1980

Mark Coe (44)
married, six children
outside unprotected home
distinguished colonel

Bielefeld na Garmáine

a rinneadh ar 16 Feabhra 1980

Marc Cág (44)
pósta, seisear gasúr
taobh amuigh dá theach gan chosaint
coirnéal mór le rá

Ostend, Belgian

perpetrated on 12 August 1988

Richard Heakin (30)

a homeward journey

a sergeant major on leave

opportunistic murder

Ostend na Beilge

a rinneadh ar 12 Lúnasa 1998

Risteard Ó hUiginn (30)

ag filleadh abhaile

maor-sháirsint cóir ar saoire

dún-mharú faille

Unna, Germany

perpetrated on 7 September 1989

Heidi Hazell (26)
German civilian
Heidi Hazell soldier's wife
shot dead in a car

Unna na Gearmáine

a rinneadh ar 7 Meán Fómhair 1989

Heidí Hasal (26)
sibhialtach Gearmánach
Heidí Hasal bean saighdiúra
a caitheadh i gcarr

Wildenrath, Germany

perpetrated on 26 October 1989

Maheshkumar Islania (34)
army corporal
murdered in car with daughter
six-month-old, wife spared

Nivruti Mahesh Islania (6 months)
an only daughter
single-shot-to-head murder
mother traumatised

Wildenrath na Gearmáine

a rinneadh ar 26 Deireadh Fómhair 1989

Maiheiscumar Ioslainia (34)
ceannaire airm
maraíodh sa gcarr lena iníon
sé mhí d'aois, bean slán

Niobrútaí Maiheis Ioslainia (6 mhí)
gearr-chaile aonair
urchar amháin sa gceann
máthair chorraithe

Birmingham

perpetrated on 21 November 1974

Michael Beasley (30)
with four companions
Mulberry Bush regular
film lover, left charm

John Rowlands (46)
father-of-two sons
formerly of Royal Navy
a spark and foreman

Stanley Bodman (47)
proud electrician
boxing, cricket fanatic
funniest, kindest

John Jones (51)
a keen gardener
a New Street station postman
strong sense of right, wrong

James Caddick (40)
market porter
worked at St Martin's Market
two daughters, partner

Birmingham

a rinneadh ar 21 Samhain 1974

Micheál Béaslaí (30)
i dteannta ceathrair
thaithíodh Sceach na Maoildeirge
fear scannán, d'fhág briocht

Seán Rólann (46)
b'athair bheirt mhac é
iar-bhall den chabhlacht ríoga
leictreoir is saoiste

Stainléigh Bádóir (47)
leictreoir cumasach
fear dornálaíochta is cruicéid
barrúil, fíor-chneasta

Seán Mac Eoin (51)
garraíodóir ionraic
fear posta ag stáisiún Shráid Nua
d'aithin an mhaith is an t-olc

Séamas Cathach (40)
póirtéir margaidh
d'oibrigh ag Margadh Mhártain
dhá iníon, páirtí

Birmingham

Neil Marsh (16)
He just loved to draw
youngest victim killed with friend
left Jamaica at ten

Niall de Moiréis (16)
b'aoibhinn leis líníocht
ba é ab óige a d'éag le caraid
d'fhág Iamáicia ag deich

Paul Davies (20)
reggae-loving man
son and daughter survived him
massive Bruce Lee fan

Pól Mac Dáibhí (20)
fiáin ag reigé
mac is iníon a fágadh
lean Brús an Bháin dlúth

Maxine Hambleton (18)
bombed distributing
housewarming party invites
won place in uni

Maicsín Hamaltún (18)
buamáilte ag dáileadh
a cuirí cóisireach tí
áit oll-scoile aici

Jane Davis (17)
sharing photographs
grape picking in Champagne, France
loved nuclear physics

Sinéad Dáibhis (17)
íomhánna dá roinnt
piocadh caora finiúna
fisiceoir núicléach

Stephen Whalley (24)
quantity surveyor
with his girlfriend Lynn Bennett
 from Bell Lane, Bloxwich

Stiofán de Bhailí (24)
suirbhéir cainníochta
Lin Nic Bheinéid a chaoifeach
Lána an Chloig, Blocsuaich

Birmingham

Lynn Bennett (18)
passion for football
a punch-card operator
petite, miniskirts

Desmond Reilly (21)
expectant father
of Donegal ancestry
murdered with brother

Eugene Reilly (23)
last one recovered
celebrating with brother
sister, Mary, safe

Marilyn Nash (22)
left school at sixteen
department-store supervisor
murdered with friend Anne

Anne Hayes (19)
a shop assistant
late apprentice hairdresser
lived on Chadwick Road

Lin Nic Bheinéid (18)
tiomanta don pheil
oibrí poll-chárta a gairm
slachtmhar, mion-sciortaí

Deasún Ó Raghallaigh (21)
súil le h-atharthacht
de dhúchas Thír Chonaill é
maraíodh bail dearthár

Eoghan Ó Raghallaigh (23)
duine deiridh a fríth
ceiliúradh bail a dhearthár
deirfiúr, Máire, slán

Máirilin de Nais (21)
d'fhág scoil ag sé déag
maor i siopa il-rannach
maraíodh le hÁine

Áine Ní Aodha (19)
ba chúntóir siopa í
iar-phrintíseach gruagaire
chónaigh ar Bhóthar Chaduaich

Birmingham

Charles Gray (44)
native of Scotland
Mulberry Bush first visit
lovely, quiet, well-dressed

Thomas Chaytor (28)
adopted, divorced
lived life to full, taverner
two children, girlfriend

Pamela Palmer (19)
phone operator
in further education
learning to drive

Maureen Roberts (20)
striking auburn hair
child of Ivy and Douglas
neighbourly, betrothed

Trevor Thrupp (33)
family was all
working as a railway guard –
an infectious laugh

Séarlas de Grae (44)
dúchas Albanach
nua i dTom na Maoildeirge
lách, ciúin, dea-ghléasta

Tomás Lónadóir (28)
uchtaithe, col-scartha
neart an spreactha ann, tábhairneoir
beirt ghasúr, caoifeach

Pamala Phámar (19)
oibrí teileafóin
ag leanacht den oideachas
tiomáint dá foghlaim

Máirín Nic Roibeaird (20)
gruaig ór-dhonn álainn
gin aonair Eidheann is Dhúghlais
dea-chomharsa, geallta

Treabhar Trup (33)
ní raibh ann ach clann
garda iarn-róid dílis –
gáirí tógálach

Birmingham

James Craig (34)
a City trialist
Northern Irish ancestry
could not read or write

Séamas de Creag (34)
thriail sé don Chathair
de shliocht Thuaisceart Éireann é
gan léamh is gan scríobh

*220 injured in the two explosions.

*220 a gortaíodh sa dá phléasc.

Bloody Sunday	**Domhnach na Fola**
perpetrated on 30 January 1972	*a rinneadh ar 30 Eanáir 1972*

Jack Duddy (17)	**Jeaic Ó Dúda** (17)
Catholic weaver	fíodóir Caitliceach
parachute regiment killed	marú reisimint pharaisiút
twelve more died with him	d'éag dáréag eile
Paddy Doherty (31)	**Peaidí Ó Dochartaigh** (31)
crawling on the ground –	ag lámhacán leis –
a father of six children –	athair seisear clainne eisean –
soldier F shot him	saighdiúir F a chaith
Hugh Gilmore (17)	**Aodh Mac Giolla Mhuire** (17)
he from Garvin Place	as Plás Uí Ghairbhín
running along Rossville Street	ag rith ar feadh Shráid Bhaile Rois
said, 'I'm hit. I'm hit'	dúirt: 'Tá mé buailte'
Bernard McGuigan (41)	**Bearnard Mac Uiginn** (41)
a former foreman	iar-shaoiste a bhí ann
he pleaded, 'Don't shoot! Don't Shoot!' –	'Ná caith mé! Ná caith!' a d'impigh –
died on Fahan Street	d'éag ar Shráid Fhathna
James Wray (17)	**Séamas Ó Riabhaigh** (17)
Drumcliffe Avenue –	as Ascaill Dhroim Chliabh –
shot between Glenfada Park	caitheadh idir Páirc Ghleann Fada
and Abbey Park	is Páirc na Mainistreach

Bloody Sunday *Domhnach na Fola*

Michael Kelly (17)
an apprentice 'spark'
Dunmore Gardens, Derry City
his carer shot at

Micheál Ó Ceallaigh (17)
ábhar leictreora
b'as Garraithe Dhún Mór é
ionsaíodh a chúramóir

William McKinney (27)
Westway in Creggan
shot while running for shelter
printer, fiancé

Liam Mac Cainnigh (27)
Bealach an Iarthair
caitheadh is é ag iarraidh foscaidh
printéir in-phósta

Gerard McKinney (35)
from Knockdarra House
Roman Catholic layman
shot in Glenfada

Gearóid Mac Cainnigh (35)
as Teach Chnoc Dara
tuata Caitliceach é
caitheadh i nGleann Fada é

Kevin McElhinney (17)
he from Philip Street –
grocery shop assistant –
gun-shot in the back

Caoimhín Mac Giolla Chainnigh (17)
as Sráid Philib é –
cúntóir siopa grósaera –
caitheadh é sa droim

John Young (17)
Catholic salesman
West Way on Creggan estate
shot helping injured

Seán Ó hÓgáin (17)
díoltóir Caitliceach
Bealach an Iarthair, Creagán
caitheadh i mbun tarrthála

Bloody Sunday *Domhnach na Fola*

Gerald Donaghy (17)

Na Fianna member –

Meenan Square, Derry city –

stomach and back wounds

William Nash (19)

a single docker –

Dunree Gardens in Derry –

Olympian brother

Michael McDaid (17)

Catholic barman –

Tyrconnell Street in Derry –

detained and then shot?

Gearalt Mac Donnchaidh (17)

ball de na Fianna –

Cearnóg Uí Mhianáin, Doire –

créachtaí boilg, droma

Liam de Nais (19)

dugaire singil –

Garraithe an Dúin Riabhaigh –

deartháir Oilimpeach

Micheál Mac Daibhéid (17)

fear beáir Caitliceach –

Sráid Thír Chonaill i nDoire –

gabhadh is caitheadh ansin?

Narrow Water

perpetrated on 27 August 1979

Victor MacLeod (24)
kind Victor MacLeod
soldier of Queen's Highlanders
meek lance corporal

David Blair (40)
lieutenant cornel
David Blair highland soldier
wife and two children

Nicholas Andrews (24)
Nicholas Andrews
kind corporal, fine husband
para regiment

Gary Barnes (18)
blessed Gary Barnes
single soldier, single man
'ready for all things'

Raymond Dunn (20)
honest Raymond Dunn
private soldier, single man
true Gaelic background

Anthony Wood (19)
upright single young
private Anthony Wood
brave paratrooper

An Caol

a rinneadh ar 27 Lúnasa 1979

Buach Mac Leòid (24)
buach Uasal Mac Leòid
saighdiúir Gaelach na Ríona
leas-cheannaire lách

Daibhéid Blárach (40)
leifteanant-choirnéal
Dáithí Blárach gael-shaighdiúir
bean is beirt ghasúr

Nioclás Mac Aindriú (24)
Nioclás Mac Aindriú
ceannaire cóir, céile caoin
parai-reisimint

Gearaí Barún (18)
Gearaí Barún naomh
saighdiúir singil, fear singil
'réidh don uile shórt'

Réamann Ó Doinn (20)
Réamann Ó Doinn cóir
gairm saighdiúra is fir shingil
bunadh Gael go fíor

Antaine Mac Con Coille (19)
ógfhear singil cóir
Antaine Mac Con Coille
para-laoch misniúil

Narrow Water *An Caol*

Michael Woods (18)
honourable youth
Michael Woods paratrooper
died for justice' sake

John Giles (22)
corporal John Giles
twenty-one-year-old husband
para corporal

Ian Rogers (31)
gentle Ian Rogers
thirty-one-year-old sergeant
husband and lover

Walter Beard (33)
soldier Walter Beard
kindly warrant officer
Kingmills place of death

Thomas Vance (23)
private Thomas Vance
a paratrooper who died
for Gaels and Britons

Robert England (23)
second regiment
Robert England kind father
loyal paratrooper

Micheál Mac Con Coille (18)
ógfhear aonair cóir
Micheál Mac Con Coille cóir
bás ar son an chirt

Seán Ó Glaisne (22)
Seán Ó Glaisne cóir
céile in aois a dhá bhliain is fiche
parai-cheannaire

Ian Mac Ruairí (31)
Ian Mac Ruairí lách
sairsint aon bhliain déag is fiche
fear céile is caoifeach

Uaitéar Féasóg (33)
Uaitéar Féasóg saighdiúir
oifigeach barántais lách
Muilte Ching an bháis

Tomás Ó Fainín (23)
Tomás Ó Fainín
para-shaighdiúir a bhásaigh
ar son Gael is Gall

Roibeard Aingleont (23)
dara reisimint
Roibeard Aingleont athair lách
para-shaighdiúir dil

Narrow Water *An Caol*

Jeffrey Jones (18)
Jeffrey Jones died in
Kingmills, Loughgilly, Newry
south County Armagh

Leonard Jones (26)
dearest Leonard Jones
whose daughter was eighteen months
murdered corporal

Robert Jones (18)
private Robert Jones
no braver paratrooper
one great single man

Chris Ireland (25)
noble Chris Ireland
married father of one child
choice lance corporal

Peter Furzman (35)
brave Peter Furzman
twenty-five-year-old hero
a murdered major

Donald Blair (23)
gentle Donald Blair
skilled private paratrooper
gave his life for peace

Séafra Mac Seoin (18)
d'éag Séafra Mac Seoin
Muilte Ching i Loch Gile
Contae Ard Mhacha

Lionard Mac Seoin (26)
Lionard Mac Seoin dil
a raibh a iníon ocht mí dhéag
ceannaire a feall-mharaíodh

Roibeard Mac Seoin (18)
Roibeard Mac Seoin laoch
para-shaighdiúir fíor-mhisniúil
fear singil den togha

Críostóir Írleont (25)
Críostóir Írleont cóir
athair aon duine clainne
togha leas-cheannaire

Peadar Mac Aitinn (35)
Peadar Mac Aitinn
laoch cúig bliana déag is fiche
maor a feall-mharaíodh

Dónall Blárach (23)
Dónall Blárach mín
sár-phara-shaighdiúir singil
thug beatha ar son sí

Lisburn	**Lios na gCearbhach**
perpetrated on 15 June 1988	*a rinneadh ar 15 Meitheamh 1988*
Sergeant Michael Winkler (31)	**Sáirsint Micheál Uingiléir** (31)
sport's event murder –	marú imeacht spóirt –
'decent chap and a great loss'	fear fíor-chneasta is caill mhór
Sain Non's Churchyard lies	leaba i Reilig Nón
Corporal Ian Metcalfe (36)	**Ceannaire Ian Méitceailf** (36)
proud Bradford native	de bhunadh Áth Leathan
Park Wood Crematorium	Créamatóir Choill na Páirce
a calf to slaughter	lao chun maraithe
Lance Corporal	**Leas-Cheannaire**
William Paterson (22)	**Uilliam Mac Páidín** (22)
a nimble athlete	reathaí scafánta
Scottish-Gaelic ancestry	bunadh Albanach Gaelach
butchered in Lisburn	sléacht Lios na gCearrbhach
Lance Corporal	**Leas-Cheannaire**
Graham Lambie (22)	**Gréachán Mac Laghmainn** (22)
competent boxer	dornálaí stuama
'Graham' to some 'Pat' to others	'Gréachán' nó 'Pádraig' a ainm
seven-pound fire ball	bob-ghaiste seacht bpunt

Lisburn *Lios na gCearbhach*

Lance Corporal Derek Green (20)

unattended van

underbody left unchecked

body blown apart

Signalman
Mark Clavey (24)

charity fun run

brutal Market Place murder

young man in his prime

Leas-Cheannaire Deiric Ó Uaine (20)

veain nár faireadh, uch

íochtar fágtha gan seiceáil

corp séidte ó chéile

Comharthóir
Marc Mac Fhlaithimh (24)

rás spraoi carthanach

marú crua Phlás an Mhargaidh

ógfhear i mbláth a mhaithe

*11 people injured.

*11 *duine a gortaíodh.*

Old Bailey	**An Sean-Bhábhún**
perpetrated on 8 March & 23 September 1973	*a rinneadh ar 8 Mártha & 23 Meán Fómhair 1973*

Frederick Milton (58)	**Freidric Miltean** (58)
injured caretaker	airíoch gortaithe
hailed from Surbiton, Surrey	Surbiton, Surrey a dhúchas
rescued others, died	tharraigh daoine is d'éag

Ronald Wilkinson (30)	**Ránall Mac Uilcín** (30)
defusing a bomb	dí-aidhnínú buama
which exploded in his face	a phléasc ina éadan dílis
Royal Army Ordnance Corps	Cór Ríoga Ordanáis Airm

9 April, 1974	*9 Aibreán 1974*
John Stephenson (53)	**Seán Mac Stiofáin** (53)
commanding officer	oifigeach ceannais
murdered on his home doorstep	caitheadh ar thairseach a thí
wife and son in house	bean is mac sa teach

perpetrated on 17 July, 1974	*a rinneadh ar 17 Iúil 1974*
Dorothy Household (48)	**Doireann an Teaghlaigh** (48)
single librarian	leabharlannaí singil
her wounds irreparable	a cuid gortuithe gan leigheas
a 'merciful death'	'bás trócaireach'

*251 people injured in the two explosions.   *251 a gortaíodh sa dá phléasc.

Guilford	**Guilford**
perpetrated on 5 October 1974	*a rinneadh ar 5 Deireadh Fómhair, 1974*
John Hunter (17)	**Seán Ó Fiachra** (17)
Billy Forsyth's friend	caraid an Fhir Síthe
street, school, boys' brigade, swimming	sráid, scoil, briogáid gasúr, snámh
buried in same grave	curtha in aon uaigh
William Forsyth (18)	**Uilliam Ó Fear Síthe** (18)
John Hunter's best friend	caraid Uí Fhiachra
street, school, boys' brigade, swimming	sráid, scoil, briogáid gasúr, snámh
buried in same grave	curtha in aon uaigh
Caroline Slater (18)	**Carúilín Scláitéir** (18)
committed soldier	saighdiúir tiomanta
switchboard or policewoman	oibrí lasc-chláir nó póilí
shopped for infant clothes	éadaí linbh ceannaithe
Ann Hamilton (18)	**Áine Hamaltún** (18)
footballer, dancer	peileadóir, damhsóir
greatly enjoyed 'square-bashing'	bhain só as 'bascadh cearnóige'
broke her father's heart	d'fhág croí a hathar cráite
Paul Craig (21)	**Pól de Creag** (21)
committed to work	oibrí díograiseach
film studio employee	oibrí stiúideo scannán
eve of birthday death	bás oíche a bhreith-lae

*65 people injured in the two bombings.   *65 a gortaíodh sa dá phléasc.

Hilton Hotel	**Óstán Bhaile an Chnoic**
perpetrated on 5 September, 1975	*a rinneadh ar 5 Meán Fómhair 1975*
Robert Lloyd	**Roibeard Lóid**
croupier casino	rácadóir airgid
married father two children	pósta athair bheirt chlainne
brain harmed, skull fractured	inchinn, blaosc scoilte
Grace Loohuis (39)	**Gráinne Labhaois** (39)
Dutch from Amsterdam	Dúitseach - Amstardam
married, tour operator	pósta, eagraí turasanna
injuries legion	scata gortuithe

Green Park Tube Station	**Stáisiún Tiúibe na Páirce Glaise**
perpetrated on 9 October 1975	*a rinneadh ar 9 Deireadh Fómhair 1975*

Graham Tuck (23)	**Gréachán Tóc** (23)
jobless homeless soul	Gan jab gan dídean
Salvation Army hostels	brúnna Arm an tSlánaithe
often sleeping rough	chleacht sé codladh amuigh

*20 injured in the bombing.   *20 a gortaíodh sa mbuamáil.

Walton's Restaurant	**Bialann Ualdan**
perpetrated on 18 November 1975	*a rinneadh ar 18 Samhain 1975*

Audrey Edgson (44)	**Ádraí Éadsan** (44)
died from lungs' collapse	sleabhcadh scamhóg d'éag
celebrating husband's birth	cothrom lae breithe a fir
'my God, it is a bomb!'	'a Dhia, is buama é!'

Theodore William (49)	**Téadóir Mac Liam** (49)
Paddington jeweller	seodóir Fheilm Phada
manufacturing firm head	ceann comhlacht déantúsaíochta
died from wound to heart	goin croí a mharaigh é

***

Ross McWhirter (50)	**Ros Mac Artair** (50)
murdered in his home	dún-mharaíodh ina theach
wife's keys taken at gunpoint	crádh a bhean i mbéal gunna
a brave man silenced	fear misniúil tostaithe

***

Julius Stephen (34)	**Iúil Mac Stiofáin** (34)
married train driver	tiománaí traenach
Indian who challenged bomber	a thug dúshlán buamálaí
underground station	stáisiún faoi thalamh

Rachel Hyams (79)	**Ráchael Hadhams** (79)
no-warning bombing	buamáil gan rabhadh
ideal home exhibition	taispeántas tí idéalaigh
an unsung victim	íobartach gan lua

Airey Neave (63)

sly booby-trap bomb

Christian, soldier, gentleman

Margaret's confidant

Éirí Nia (63)

buama bob-ghaiste

Críostaí, saighdiúir, fear uasal

rún-chara Mhaighréad

*109 injured in bombing.

*109 a gortaíodh sa mbuamáil.

Chelsea	**Céibh na Cailce**
perpetrated on 27 November 1974	*a rinneadh ar 27 Samhain 1974*

Nora Field (59)	**Nóra Uí Fhicheallaigh** (59)
a widow chatting	baintreach ag comhrá
nail crossed her chest cavity	tairne a thrasnaigh a cliabhrach
apartment burgled	rinneadh foghail ar a h-áit

John Breslin (18)	**Seán Ó Breisleáin** (18)
scalp stripped completely	baineadh a phlait de
skull deeply penetrated	chuathas go fíor-dhomhain sa mblaosc
his brain sadly torn	stróiceadh a inchinn

Kenneth Howarth (49)	**Cionnaoth Hórt** (49)
anti-handling device	deis frith-láimhsithe
brave bomb-disposal expert	diúscairtí misniúil buamaí
died protecting lives	bhásaigh ag cosaint beatha

*50 injured in bombing.   *50 a gortaíodh sa mbuamáil.

Hyde Park & Regent's Park
perpetrated on 20 July 1982

Anthony Daly (23)
ceremonial task
blue royal household cavalry
man and horse butchered

Simon Tipper (19)
a cavalryman
suffered multiple head wounds
place of death Hyde Park

Vernon Young (19)
married, two children
buried on twentieth birthday
coffin, belt, helmet

Graham Barker (36)
warrant officer
royal green jackets infantry
married, two children

Páirc de Híde & Páirc an Leas-Rí
a rinneadh ar 20 Iúil 1982

Antaine Ó Dálaigh (23)
ar dhualgas deas-ghnách
marcra gorm ríoga an tí
búistéireacht fir is eich

Síomón Tipir (19)
marcach airm dil
d'fhulaing gortuithe cloiginn
Páirc de Híde a uaigh

Fearnán Ó hÓgáin (19)
pósta, beirt chlainne
cothrom lá a bheirthe a cuireadh
conra, beilt, clogad

Gréachán Barcar (36)
oifigeach barántas
coisithe seaicéad ríoga uaine
pósta, beirt chlainne

Hyde Park and Regent's Park *Páirc de hÍde agus Páirc an Leas-Rí*

John Heritage (29)
a fearless soldier
Regent's Park bombing victim
in royal green jackets

Seán Heiritidg (29)
saighdiúir misniúil dil
buamáil Pháirc an Leas-Rí a chniog
seaicéid ríoga uaine

Robert Livingstone (31)
a sergeant bandsman
met his death in Regent's Park
a Bedford native

Roibeard Mac Dhoinn Shléibhín (31)
sáirsint bannadóir
Páirc an Leas-Rí fód a bháis
dúchas Áth Bhídeach

George Measure (19)
a single young man
brave royal green jackets' bandsman
bringing joy to world

Seoirse Measúnóir (19)
ógánach singil
bannadóir seaicéad ríoga uaine
thug áthas chun an tsaoil

John McKnight (30)
single corporal
Regent's Park brutal bombing
a faithful bandsman

Seán Mac an Ridire (30)
ceannaire singil
buamáil chrua Pháirc an Leas-Rí
bannadóir dílis

Keith Powell (24)
you were twenty-four
too young to die, naturally
your loss troubles, still

Ceiteach Mac Giolla Phóil (24)
ceithre bliana fichead
ró-óg lena éag, nádúrtha
crá síoraí do chaill

Hyde Park and Regent's Park *Páirc de hÍde agus Páirc an Leas-Rí*

Laurence Smith (19)
a single soldier
of South London origin
murdered musician

Labhrás Mac Gabhann (19)
saighdiúir singil dil
de dhúchas Dheisceart Londan
ceoltóir dún-mharaithe

Raymond Bright (36)
corporal major
procession standard-bearer
bent nail struck his head

Réamann Geal (36)
maor-cheannaire airm
meirgire an trúpa
tairne lúbtha a chniog

*22 injured in bombing.

*22 a gortaíodh sa mbuamáil.

Harrods	**Haróid**
perpetrated on 17 December 1983	*a rinneadh ar 17 Nollaig 983*
Noel Lane (28)	**Nollaig Ó Laighin** (28)
a married sergeant	sáirsint pósta é
Metropolitan Police	Póilíní Cathrach Londan
Chelsea, from Croydon	Céibh na Cailce, as Gleann Cróch
Jane Arbuthnot (22)	**Sinéad Arbuanat** (22)
brave policewoman	póilí mná misniúil
probing a suspicious car	ag fiosrú carr amhrasach
single, bombed to death	singil, buama a d'éag
Philip Geddes (24)	**Pilip Geadais** (24)
single journalist	iriseoir singil
father making his new suit	culaith dá déanamh ag a athair dó
shopping with girlfriend	siopadóireacht léin
Caroline Kennedy (25)	**Cearúilín Chinnéadach** (25)
married with one son	pósta, mac amháin
true assistant stockbroker	stoc-bhróicéir cúnta dílis
Scottish home-going	ag filleadh ar Albain
Kenneth Salvesden (25)	**Cainneach Salvasdan**
true American	fíor-Mheiriceánach
a management consultant	comhairleoir bainistíochta dil
worked, lived in London	post, cónaí i Londain

Harrods *Haróid*

Stephen Dodd (34)

six foot eight inches

children, petite Belfast wife

died on Christmas Eve

Stiofán Ó Doda (34)

sé troighe ocht n-orlaí

gasúir, Béal Feirsteach mná

bhásaigh ar Oíche Nollag

*100 injured in atrocity.

*100 a gortaíodh san ár.

Brighton Hotel	**Óstán Brighton**
perpetrated on 12 October 1984	*a rinneadh ar 12 Deireadh Fómhair 1984*
Sir Anthony Berry (59)	**Sior Antaine Ó Béara** (59)
a father-of-six	athair seisear clainne
a member of parliament	feisire parlaiminte
wife badly injured	a bhean gortaithe
Roberta Wakeham (54)	**Roibeairdín Uacam** (54)
room below the bomb	seomra faoin mbuama
suffocated in rubble	plúchadh í sa smionagar
husband's legs injured	gortaíodh cosa a fir
Jeanne Shattock (55)	**Sinéad Cheadag** (55)
she died instantly	maraíodh ar an toirt
body found two days later	fríth a corp dhá lá ina dhiaidh
husband slightly harmed	goineadh a fear beagán
Eric Taylor (54)	**Eiric Táilliúir** (54)
His wife left injured	fágadh an bhean gortaithe
influential party man	ball páirtí mór le rá é
order of empire	ord impireachta

Brighton Hotel *Óstán Brighton*

Muriel MacClean (54)

bomb placed in her room

blew here right into next room

caused lung infection

Muireann Mhic Giolla Eáin (54)

buamba ina seomra

a theilg í go seomra eile

a spreag galrú scamhóg

*31 injured in atrocity.

*31 a gortaíodh san ár.

Deal Barracks	**Beairic an Ghleanna**
perpetrated on 22 September 1989	*a rinneadh ar 22 Meán Fómhair 1989*

Mick Ball (24) / **Mic Bál** (24)
'now that you have gone' / 'anois ó táir imithe'
royal marine soldier / muir-shaighdiúir pósta
flautist, car enthusiast / fliútadóir, spéis sna cairr

John Cleatheroe (25) / **Seán Cleataró** (25)
enlisted at sixteen / liostáil ag sé déag
saxophonist violinist / sacsafónaí víleadóir
engaged, witty, liked / geallta, barrúil, lách

David McMillan (22) / **Daibhéid Mac Maoláin** (22)
great all-round sportsman / fear spóirt il-dánach
played string bass, tuba, trumpet / dord sreinge, tiúba, trumpa
royal wedding fanfare / d'fhógair bainis ríoga

Richard Fice (22) / **Risteard Fís** (22)
Family, girlfriend / a dhream is a chailín
lone white carnation, red rose / lus na gile, rós dearg
church trombone solo / aon-réad trombóin cille

Dean Pavey (31) / **Déan Paiví** (31)
hearty bassoonist / basúnadóir groí
devoted to his children / tiomanta dá chuid gasúr
leukaemia around / leoicéime an pháis

Deal Barracks *Beairic an Ghleanna*

Mark Petch (24)
in married quarters
well liked, enthusiastic
brave royal marine

Marc Peits (24)
ceathrúna an phósta
díograiseoir a raibh gean air
muir-shaighdiúir ríoga

Timothy Reeves (22)
former commando
Oldham place of ancestry
recently engaged

Tadhg Ó Rímheá (22)
iar-chománlach dil
Sean-Inis áit a shinsear
geallta le gairid

Robert Simmonds (22)
residing in Deal
played clarinet, violin
given much to jazz

Roibeard Mac Síomóin (22)
cónaí air sa nGleann
chasadh clairinéad, fidil
cheoladh *deas* freisin

Trevor Davis (39)
a band trombonist
married-quarters resident
a father-of-four

Treabhar Dáibhis (39)
trombónaí banna
ceathrúna lánúineacha
athair ceathrar clainne

Richard Jones (27)
competent flautist
married quarters resident
crematorium

Risteard Mac Seoin (27)
fliútadóir oilte
ceathrúna lánúineacha
créamatóiriam

21 injured in atrocity.

21 a gortaíodh san ár.

High Street Wembley

perpetrated on 16 May 1990

Charles Chapman (34)
Car booby-trap bomb
first-class recruiting sergeant
highly regarded

Sráid Ard Bheimblí

a rinneadh ar 16 Bealtaine 1990

Séarlas Seapmann (34)
buama bob-ghaiste
sáirsint liostála den togha
gean an tsaoil mhóir air

*4 injured in bombing.

4 a gortaíodh sa mbuamáil.

Lichfield City Railway Station

perpetrated on 1 June 1990

William Davies (19)
shot while sitting down
two comrades badly injured
pools of blood, luggage

Stáisiún Iarnróid Chathair Ghort na Ghas-Choille

a rinneadh ar 1 Meitheamh 1990

Uilliam Dáibhis (19)
caitheadh agus é ina shuí
gortaíodh beirt chomrádaithe
linn fola, málaí

*2 injured in attack.

*2 a gortaíodh san ionsaí.

Carlton Club	**Club Mhic Cearbhaill**
perpetrated on 25 June 1990	*a rinneadh ar 25 Meitheamh 1990*
Donald Kaberry (83)	**Dónall Chnoc na gCág** (83)
fatal injuries	gortuithe marfacha
great shock, smoke inhalation	croitheadh, análú deataigh
soldier, politician	saighdiúir, polaiteoir
Ian Gow (53)	**Ian Gabha** (53)
Thatcher confidant	dlúth leis an Tuíodóir
conservative unionist	aontachtaí caomhach láidir
car booby-trap bombed	bob-ghaiste faoi charr

*20 injured in bombing.   *20 a gortaíodh sa mbuamáil.

Victoria Station

perpetrated on 18 February 1991

David Corner (36)
father of infant
a married civil servant
fitful passenger

Stáisiún Victeoiria

a rinneadh ar 18 Feabhra 1991

Daibhéid an Choirnéil (36)
athair leainbhín óig
seirbhíseach poiblí pósta
paisinéir babhtaí

*50 injured in bombing.

*50 a gortaíodh sa mbuamáil.

Baltic Exchange
perpetrated on 10 April 1992

Danielle Carter (15)
innocent schoolgirl
face down in a pool of blood
responder lost mind

An Malartán Baltach
a rinneadh ar 10 Aibreán 1992

Dainéilín Nic Artúir (15)
gearrchaile scoile
béal fúithi ina cuid fola
chaill freagróir a chiall

Covent Garden	**Garraí an Chlochair**
perpetrated on 12 October 1992	*a rinneadh ar 12 Deireadh Fómhair 1992*
David Heffer (30)	**Daibhéid Heifear** (30)
bomb in pub's toilets	buama i leithris beáir
true psychiatric male nurse	altra fir síciatrach
father a postman	fear posta a athair

*4 injured in bombing.   **4 a gortaíodh sa mbuamáil.*

Warrington	**Baile Mhuintir Uaer**
perpetrated on 20 March 1993	*a rinneadh ar 20 Márta 1993*

Jonathan Ball (3)
cherished only child
died at scene in arms of nurse
'absurd blasphemy'

Seonac Bál (3)
mac aonair ionmhain
bhásaigh i mbaclainn altra
'dia-mhasla áibhéileach'

Timothy Parry (12)
football-shorts shopping
severe head injuries
'he was a fine lad'

Tadhg Mac Anraí (12)
trabhsar gairid spóirt
gortuithe dona cloiginn
ba leaid den scoth é'

*54 injured in bombing. **54 a gortaíodh sa mbuamáil.*

Bishopsgate
perpetrated on 24 April 1993

Edward Henty (34)
brave photographer
wedding jubilee next day
found near blast crater

Geata an Easpaig
a rinneadh ar 24 Aibreán 1993

Éadbhard an Tí Aird (34)
grian-ghrafadóir dil
cothrom lá a phósta amárach
fríth bail poll pléisce

*40 plus injured in bombing.

*40 a gortaíodh sa mbuamáil.

London Docklands
perpetrated on 9 February 1996

Inan Ul-Hag Bashir (29)
single newsagent
dab identification
green and gold coffin

John Jeffries (31)
musician, songster
carpenter's son like Jesus
funeral songs his

Duglann Londan
a rinneadh ar 9 Feabhra 1996

Inean Ul-Hag Baisir (29)
nuachtánaí singil
aithint ó lorg méire
cónra uaine is óir

Seán Mac Seafraidh (31)
ceoltóir, cumadóir
mac siúinéara ar nós Chríost
amhráin sochraide

Catholic & Protestant

perpetrated on 23 January 1977

Thomas Boston (45)
a father-of-four
orange, black preceptory
non-sectarian

John Lowther (40)
a building worker
Mayoman lived in Bolton
sectarian killing

Caitliceach agus Protastún

a rinneadh ar 23 Eanáir 1977

Tomás Bostún (45)
athair ceathrar clainne
an t-ord buí is an craobh-theach dubh
duine neamh-sheicteach

Seán Lúthar (40)
oibrí tógála
Maigh Eoch a chónaigh i mBóltan
dún-mharú seicteach

Claudy	**Clóidigh**
perpetrated on 31 July 1972	*a rinneadh ar 31 Iúil 1972*

Elizabeth McElhinney (59)
Catholic woman
serving her community –
betrayed by a priest

Liosaibeit Mhic Giolla Chainnigh (59)
Caitliceach mná
ag fónamh dá pobal féin –
d'fheall sagart uirthi

Joseph McCluskey (39)
Faughan View Park –
a Catholic civilian –
cluskey: a loud noise

Seosamh Mac Bloscaidh (39)
Radharc na Fochaine –
sibhialtach Caitliceach –
bloscadh: torann mór

Kathryn Eakin (9)
a Protestant girl
lived on Main Street in Claudy
grandad there at death

Caitríona Ní Aogáin (9)
gearrchaile Protastúin
a chónaigh ar Shráid Mhór Chlóidí
deaideo léi nuair d'éag

David Miller (60)
a male civilian
Ivan Crescent resident
murdered by a bomb

Daibhéid Muilleoir (60)
sibhialtach fireann
ina chónaí ar Chorrán Sheáin
buama a dhún-mharaigh é

James McClelland (65)
Crossballycormick –
a protestant civilian
martyred for his faith

Séamas Mac Giolla Fhaoláin (65)
Cros-bhaile Chormaic –
sibhialtach protastúnach
mairtíreach creidimh

Claudy *Clóidigh*

William Temple (16)

a milkman's helper

from Dunnamanagh, Tyrone

distributing milk

Uilliam Tiompail (16)

cúntóir fir bhainne

as Dún na Manach, Tír Eoghain

ag dáileadh bainne

Coleraine

perpetrated on 12 June 1973

Nan Davis (60)
Liz Johnston's auntie –
Linden Avenue, Cúil Raithin –
her brother forgave

Francis Campbell (70)
Dinah's dear husband –
Elizabeth Craigmile's bro –
Hilary's father –

Dinah Campbell (72)
a mother of two –
very devout family –
Benburb Street, Belfast

Elizabeth Craigmile (76)
Primrose Street, Belfast –
sister of Dinah Campbell –
faithful Protestant

Elizabeth Palmer (60)
a shop assistant
from Whitehall Chambers, Portrush
single Protestant

Cúil Raithin

a rinneadh ar 12 Meitheamh 1973

Nean Dáibhis (60)
aintín Lios Nic Sheoin –
as Ascaill Mhic Giolla Fhiondáin –
mhaith deartháir léi an choir

Proinsias Caimbéal (70)
céile dil Dhíneá –
deartháir Liosaibeit Chreachmhaoil
athair Ealáir Chaimbéal –

Díneá Chaimbéal (72)
máthair bheirt chlainne –
teaghlach cráifeach den chéad scoth –
Sráid na Binne Boirbe

Liosaibeit Chreachmhaoil (76)
as Sráid Chrann Caoráin –
deirfiúr le Díneá Chaimbéal –
Protastún cráifeach

Liosaibeit Phámar (60)
ba chúntóir siopa í
Seomraí an Halla Bháin, Port Rois
Protastún aontumhach

Coleraine *Cúil Raithin*

Robert Scott (72)

a Protestant civilian –

Portstewart Road in Coleraine town –

never forgotten

Roibeard Scot (72)

Protastún sibhialtach –

Bóthar Phort Stíobhaird, Cúil Raithin –

cuimhneofar ort-sa

Two Corporals

perpetrated on 19 March 1988

Derek Wood (24)
royal corps of signals –
reared by loving grandmother –
brave in life, in death

David Howes (23)
Falkland survivor –
Andersonstown Road murder –
engagement ring in coffin

Beirt Cheannairí

a rinneadh ar 19 Márta 1988

Deiric Mac Con Coille (24)
ball chomhar na gcomharthaí –
mamó ghrámhar a thóg é –
beatha is bás misniúil

Daibhéid Hós (23)
sháraigh tú an Fháclainn –
Bóthar Andarsan fód do bháis –
fainne gill sa gcill

Darkley	**Dearclaigh**
perpetrated on 20 November 1983	*a rinneadh ar 20 Samhain 1983*
William Brown (59)	**Uilliam de Brún** (59)
a faithful church steward	stíobhard eaglasta
shot in Pentecostal church	caitheadh i séipéal Cincíseach
farmer, three children	feirmeoir, triúr clainne
John Cunningham (39)	**Seán Mac Cuinneagáin** (39)
Ballinagallia	Baile na gCailleach
church-stewarding with William Brown	stiabhardacht le Liam de Brún
married, two children	pósta, beirt chlainne
David Wilson (44)	**Daibhéid Mac Liam** (44)
from Killyreavy	as Coill Uí Riabhaigh
bloody mouth, nose, warned brethren	fuil béil, sróine, thug fógra
married, two children	pósta, beirt chlainne

*7 injured in the atrocity.   *7 a gortaíodh san ár.

Dublin
perpetrated on 17 May 1974

Brenda Turner (21)
a civil servant
from Mitchel Street in Thurles
UVF carnage

Antonio Magliocco (37)
Casalattico
his Italian place of birth
fathered three children

Anna Massey (21)
wrote wedding invites
an engraved ring and wrist-watch
identified her

Edward O Neill (29)
a father of five
Eddie and Billy injured
Marta a still-birth

Martha O Neill
Innocent still-born
dead father, injured brothers
mother traumatised

Duibhlinn
a rinneadh ar 17 Bealtaine 1974

Breanda Tornóir (21)
stát-seirbhíseach í
as Sráid Mhistéil, Durlas í
Fórsa Óglach Uladh

Antaine Maiglíócó (37)
Casalaiticeó
áit Iodálach a bheirthe
athair triúr clainne

Áine Mheasaigh (21)
scríobh cuirí pósta
fáinne is uaireadóir greanta
a chuir in aithne í

Éamann Ó Néill (29)
athair cúigear clainne
Eidí agus Bilí gortaithe
Marta ina marbh-ghin

Marta Ní Néill
marbh-ghin gan locht
athair básaithe, dhá dheartháir gonta
máthair faoi thráma

Dublin *Duibhlinn*

Marie Phelan (20)
an only daughter
from Woodstown in Waterford
a civil servant

Anne Byrne (35)
her children heard bomb
seeking Communion present
from Carndonagh Park

Colette O Doherty (21)
full nine months pregnant
twenty-two-month-old daughter
wandering bare-foot

Christina O Loughlin (51)
lived in Townsend Street
a Catholic civilian
God knows who you are

Maureen Shields (44)
a married woman
Rosesmount Avenue, Artaine
faithful Catholic

Máire Ní Fhaoláin (20)
b'iníon aonair í
as Baile na Coille ó thús
stát-seirbhíseach í

Áine Uí Bhroin (35)
d'airigh a beirt buama
cuartú bronntanas Comaoineach
as Páirc Charn Domhnach

Niocláisín Uí Dhochartaigh (21)
naoi mí ag súil le clann
iníon dhá mhí agus fiche
ag fánaíocht cos-nocht

Críostíona Ní Lochlainn (51)
Sráid Chnoc na Lobhar
sibhialtach Caitliceach
ag Dia atá a fhios cé thú

Máirín Uí Shiail (44)
ina bean phósta
Ascaill Chnocán na Rós, Ard Aidhin
Caitliceach dil

Dublin *Duibhlinn*

Anne Marren (20)
Casimir Avenue –
Streamstown in County Sligo –
died with Josephine

Áine Ní Mhearáin (20)
Ascaill Chaisimir –
Baile an tSrutháin i Sligeach –
d'éag le Seosaimhín

Marie Butler (21)
Belleville, Cappoquin –
a Clery's Stores employee
died with a colleague

Máire de Buitléir (21)
Belleville, Ceapach Chuinn –
oibrí i Stóras Uí Chléirigh
d'éag le comh-ghleacaí

Simone Chetrit (31)
Jewess from Paris
lived Foxfield Lawn, Raheny
injured friend survived

Síomóinín Seitrit (31)
Giúdach as Páras
as Plásóg Ghort an tSionnaigh
tháinig cara slán

John Dargle
lived in Portland Row
faithful Roman Catholic
little we know you

Seán Ó Deargaile
d'áitigh Ré Phortlainn
Caitliceach Rómánach
beag is eol dúinn fút

Patrick Fay (47)
father of one child
from McAuley Road, Artaine
a civil servant

Pádraig Ó Féich (47)
athair aon ghasúir
Bóthar Nic Amhalaí, Ard Aidhin
stát-seirbhíseach

Dublin *Duibhlinn*

Brenda Grace (35)
the Dunes, Portmarnock
from Tralee, County Kerry
left an infant son

Mary McKenna (55)
Monaghan native
lived Dungannon and Dublin
died on her doorstep

Dorothy Morris
a lay Catholic –
Larkfield Avenue, Kimmage –
randomly murdered

John O Brien (23)
a father of two
from Lower Gardiner Street
wife, children murdered

Anna O Brien (22)
a broken earring –
daughters, husband murdered too –
confirmed identity

Breanda Ghrás (35)
Dumhcha, Port Mearnóg
as Trá Lí, Contae Chiarraí
d'fhág sí leanbh mic

Máire Nic Cionaoith (55)
as Muineachán di
d'áitrigh Dún Geanainn is Duibhlinn
d'éag ar thairseach tí

Doireann Ní Mhuiris
Caitliceach í –
Ascaill Ghort na Fuinseoige –
dún-mharú fánach

Seán Ó Briain (23)
athair bheirt chlainne
Sráid Ghardiner Íochtarach
dún-mharaíodh bean, clann

Áine Uí Bhriain (22)
fáinne cluaise briste –
dún-mharaíodh fear, iníonacha –
a dhearbhaigh aitheantas

Dublin *Duibhlinn*

Jacqueline O Brien (17 months)
a snow-white coffin –
murdered with parents, sister:
John, Anna, Anne Marie

Anne Marie O Brien (5 months)
end of family
the youngest Troubles victim?
sow ate her farrow

Siobhan Rice (19)
a civil servant
from Thomas Street, Wexford town
single Catholic

John Walsh (27)
married with children
Dangan Avenue, Kimmage
devout Catholic

Elizabeth Fitzgeralt (59)
from Phibsboro Place
a Catholic civilian
randomly murdered

Seaicilín Ní Bhriain (17 mí)
cónra ar dhath sneachta –
dún-mharaíodh tuistí, deirfiúr:
Seán, Áine, Áine Máire

Áine Máire Ní Bhriain (5 mhí)
croitheadh an tsaicín sin
an t-íobartach ab óige?
cráin a d'ith a h-ál

Siobhán Rís (19)
stát-seirbhíseach
as Sráid Thomáis, Loch Garman
Caitliceach singil

Seán Breatnach (27)
bean, gasúir aige
Ascaill an Daingin, Camaigh
Caitliceach dil

Liosaibeit Mhic Gearailt (59)
Plás Bhaile Philib
sibhialtach Caitliceach
dún-mharú fánach

Dublin *Duibhlinn*

Josephine Bradley (21)

Josie was a twin –

Kilcormac in Offaly –

murdered with her friend

Seosaimhín Ní Bhrolcháin (21)

leath-chúpla Seosaí –

Cill Chormaic in Uíbh Fhailí –

ise is cara a d'éag

Enniskillen

perpetrated on 8 November 1987

William Mullan (74)
Protestant, retired
husband, dad, Carrigan Park
remembrance Sunday

Nessie Mullan (73)
mother and housewife
Enniskillen Protestant
from Carrigan Park

Kitchener Johnston (71)
husband of Nessie –
Drumgay in Tirkennedy –
a loving couple

Nessie Johnston (62)
Kitchener's proud wife
an Enniskillen couple
poppy day service

Wesley Armstrong (62)
his young son survived –
Loane Drive in Enniskillen –
Bertha's loving spouse

Inis Ceithleann

a rinneadh ar 8 Samhain 1987

Uilliam Ó Maoláin (74)
Protastún, ar scor
céile, athair, Páirc an Charraigín
Domhnach cuimhneacháin

Neasa Uí Mhaoláin (73)
máthair chlainne, céile
Protastún – Inis Ceithleann
Páirc an Charraigín

Cisteanach Mac Seáin (71)
fear céile Neasa –
Droim Gé i dTír Cheannada –
lánúin chaoin dhílis

Neasa Mhic Sheáin (62)
céile Chisteanaigh
lánúin as Inis Ceithleann
lá na bpoipíní

Mac Bhalronta Ó Labhraí Tréan (62)
tháinig a mhac slán –
Céide Luain, Inis Ceithleann –
céile dílis Bheirte

Enniskillen *Inis Ceithleann*

Bertha Armstrong (55)
Her young son survived
a loving spouse of Wesley
they lived in Loane Drive

Edward Armstrong (52)
from Derrychara –
only reserve constable –
from Chosen Few Lodge

John Megaw (67)
a retired painter –
Derrin Road, Enniskillen –
Gaelic Scottish breed

Alberta Quinton (72)
nurse by vocation –
Women's Royal British Air Force –
widow and mother

Samuel Gault (49)
from Benaughlin Park –
survived a previous attack –
retired policeman

Beirte Uí Labhraí Thréin (55)
tháinig a mac slán
céile dil Mhac Bhalronta
cónaí i gCéide Luain

Éadbhard Ó Labhraí Tréan (52)
as Doire an Choire –
an constábla cúl-taca –
Lóiste an Bheagáin Tofa

Seán Mag Ádhaimh (67)
péintéara ar pinsean –
Bóthar an Doirín, Inis Ceithleann –
sliocht Gael Albanach

Ailbhe Mhic Cumhaí (72)
gairm banaltra –
Aer-fhórsa na Breataine –
baintreach is máthair

Samúéil Gallda (49)
as Páirc Bhinn Álainn –
sháraigh sé ionsaí cheana –
constábla ar scor

Enniskillen *Inis Ceithleann*

Marie Wilson (20)

Gordon her father –

young single Protestant nurse –

vocation to life

Ronnie Hill (68)

born, bred in Wicklow –

Kilkeel and Enniskillen

Africa – lived, taught

Máire Nic Liam (20)

Gordan a h-athair

banaltra Phrotastúnach –

gairm chun na beatha

Ránall an Chnoic (68)

rugadh i gCill Mhantáin –

Cill Chaoil is Inis Ceithleann

Afraic, chónaigh is mhúin

*Ronnie Hill spent 13 years in a coma before dying on 28 December 2000.

*Chaith Ránall an Chnoic 13 de bhlianta i gcóma sul má bhásaigh ar 28 Nollaig 2000.

Kingmills

perpetrated on 5 January 1976

John Bryans (46)
widower, children
director of Sunday school
Christian president

Robert Chambers (19)
Charlemont Square West
a Protestant civilian
living with parents

Reginald Chapman (25)
born-again Christian
husband, father of children
Newry soccer player

Walter Chapman (23)
Thomas Street, Bessbrook
Reginald's brother, co-victim
single Protestant

Robert Freeburn (50)
Eshwary, Bessbrook
orange and royal black orders
husband, two children

Muilte Ching

a rinneadh ar 5 Eanáir 1976

Seán Mac Braoin (46)
baintreach, beirt ghasúr
stiúrthóir na scoile Domhnaigh
uachtarán Críostaí

Roibeard Mac Ambróis (19)
Achadh an dá Chora
Protastúnach sibhialtach
cónaí le tuistí

Ránall Seapmann (25)
Críostaí ath-bheirthe
céile is athair bheirt chlainne
imreoir sacair Iúir

Uaitéar Seapmann (23)
Sráid Thomáis, Sruthán
deartháir Ránaill comh-íobartach
Protastún singil

Roibeard Saor-bheirthe (50)
Ais Mhuirí, an Sruthán
foras ríoga dubh, oráisteach
céile, beirt ghasúr

Kingmills *Muilte Ching*

Joseph Lemmon (46)
carpenter, children
grand master, chaplain, father
a b-special, saint

Seosamh Mac Laghmainn (46)
siúinéir, triúr gasúr
ard-mháistir, séiplíneach, athair
b-speisialtach, naomh

John McConville (20)
single Protestant
aspirant missionary
Bessbrook, Armagh's best

Seán Mac Con Mhaoil (20)
Protastún aontumha
togha ábhair mhisinéara
fíor-scoth an tSrutháin

James McWhirter (58)
father of children
orange and royal black orders
Ulster Cottages

Séamas Mac Artair (58)
athair triúr clainne
foras ríoga dubh, oráisteach
Teachaíní Uladh

Robert Walker (46)
Half-Acre, Whitecross
factory worker, married man
true Presbyterian

Roibeard Mac Siúlaí (58)
Leath-Acra, Corr Leacht
oibrí monarchan pósta
Preispitéireach fíor

Kenneth Worton (24)
father of two
Ulster Defence Regiment
the Gardens, Bessbrook

Cainneach Vártún (24)
athair bheirt chlainne
Reisimint Cosanta Uladh
Garranta an tSrutháin

*For Alan Black the only survivor.

*D'Ailín Ó Duibh an t-aon duine a tháinig slán.

73

La Mon

perpetrated on 17 February 1978

Thomas Neeson (52)
married, three children
a Protestant civilian
fifty-two years old

Sandra Morris (27)
twenty-seven years
wife, mother of two children
husband injured too

Christine Lockhart (33)
a brave amputee
a true Christian Protestant
a life of service

Ian McCracken (25)
fellow worker, lover
husband of Elizabeth
rest in God's strong arms

Elizabeth McCracken (25)
a Bangor woman
loving companion of Ian
life, death together

La Mon

a rinneadh ar 17 Feabhra 1978

Tomás Mac Aonasa (52)
athair triúr clainne
sibhialtach Protastúnach
dhá bhliain is leath-chéad

Sandra Mhic Mhuiris (27)
seacht mbliana fichead
céile is máthair bheirt chlainne
droch-bhail ar a fear

Crístíona Locard (33)
dea-bhean ar leath-chos
fíor-Chríostaí Protastúnach
saol seirbhíse a chaith

Ian Mac Reachtain (25)
comh-oibrí, caoifeach
fear céile Liosaibeit dhil
feasta i mbaclainn Dé

Liosaibeit Mhic Reachtain (25)
bean as Beannchar
caoifeach dhil Iain
beatha, bás mar aon

La Mon

Daniel Magill (37)

Dundonald your home

Cumberland Road to be clear

your burned wife remained

Carol Mills (26)

married Protestant

tragic alliance district

site of butchery

Gordon Crothers (30)

husband and father

Royal Ulster Constabulary

reserve officer

Joan Crothers (26)

a wife and mother

only twenty-six years old

died with her husband

Paul Nelson (37)

died with Dorothy

husband, father of two girls

faithful Protestant

Dainéil Mac an Ghaill (37)

Dún Dónaill d'áitreabh

Bóthar Cumberland le bheith fíor

do bhean dhóite a d'fhan

Caral an Mhuilinn (26)

Protastún pósta

ceantar an chomhaontais dhuairc

suíomh búiséireachta

Gordan Dún Ruairí (30)

céile agus athair

Constáblacht Ríoga Uladh -

cúltaca dílis

Siobhán Dún Ruairí (30)

céile agus máthair

sé bliana agus fiche d'aois

bhásaigh lena fear

Pól Mac Néill (37)

bhásaigh le Muireann

céile, athair bheirt ghearrchailí

Protastún dílis

La Mon

Dorothy Nelson (34)
died with her husband
wife, mother of two children
Dorothey, Paul with God

Sarah Wilson Cooper (52)
Glenbryn Drive, Belfast
mother and mother-in-law
sixty-two years old

Doireann Mhic Néill (34)
bhásaigh lena fear
céile, máthair bheirt ghasúr
Doireann, Pól le Dia

Sorcha Liamach Cúipéir (52)
Céide Ghleann Bhriain breá
máthair clainne is máthair chéile
seasca a dó bliain d'aois

Loughinisland

perpetrated on 18 June 1994

Adrian Rogan (34)
'Frosty' watching soccer
a scrap-metal contractor
Protestant wife mourns

Daniel McCreanor (59)
a single farmer
Teconnaught, Ballynahinch
murdered with uncle

Eamon Byrne (39)
no heavy drinker
his in-law Patsy O Hare
riddled by Loyalists

Patsy O Hare (35)
Drumaness Road man
his father comforted him
riddled with in-law

Barney Green (87)
Sunday suit for game
Annacloy Road, Teconnaught
a coward's shot in back

Loch an Oileáin

a rinneadh ar 18 Meitheamh 1994

Aidrian Ó Ruagáin (34)
amharc 'Frostaí' ar shacar
conraitheoir dramh-mhiotail é
Protastún mná a chaoin

Dainéil Mac Thréin-fhir (59)
feirmeoir singil
Teach Chonnacht, Baile na hInse
eisean is uncail d'éag

Éamann Ó Broin (39)
ní mba phótaire é
cleamhnaí Pheatsaí Uí Ír dhil
Dílseoirí a chaith iad

Peatsaí Ó hÍr (35)
Bóthar Dhroim an Easa-óir
rinne a athair féin tarrtháil air
scaoileadh le cleamhnaí

Beairní Ó hUaine (87)
culaith don ócáid
Bóthar Áth na Cloiche, Teach Chonnacht
urchar fill sa droim

Loughinisland *Loch an Oileáin*

Malcolm Jenkinson (53)

building contractor

wife a psychiatric nurse

victim of murder

Maol Choilm Mac Seinicín (53)

conraitheoir tógála

altra síciatrach a bhean

íobartach murdair

M62	**M62**
perpetrated on 4 February 1974	*a rinneadh ar 4 Feabhra 1974*
Paul Reid (17)	**Pól Ó Riada** (17)
an English soldier	saighdiúir Sasanach
signals regiment member	ball den reisimint comharthaí
earnest callow youth	stócach díograiseach
Clifford Houghton (23)	**Clúmhán de Hochtún** (23)
Catholic, injured	Caitliceach a gortaíodh
twice in Northern Ireland	faoi dhó i dTuaisceart Éireann
wife, children murdered	bean is muirín d'éag
Linda Houghton (23)	**Linde de Hochtún** (23)
coward's bomb under seat	buama fill fúithi
civilian, loyal wife, mother	sibhialtach, bean is máthair
Lee Houghton (5)	**Laoi de Hochtún** (5)
an innocent child	gasúr soineanta
older brother of Robert	deartháir is sine Roibeaird
brutally murdered	dún-mharú brúidiúil
Robert Houghton (2)	**Roibeard de Hochtún** (2)
an innocent child	gasúr soineanta
younger brother of 'big' Lee	deartháir is óige Laoi 'mhóir'
brutally murdered	dún-mharú brúidiúil

M62

Leonard Godden (22)

a decent soldier

the fourth field regiment

royal artillery

Terrence Griffen (24)

a decent soldier

the fourth field regiment

royal artillery

Michael Waugh (22)

a decent soldier

guards brigade signal squadron

gentle Mancunian

Leslie Walsh (19)

a decent soldier

a Gaelic-Welsh ancestry

signals regiment

John Hines (20)

a decent soldier

fusiliers royal regiment

Oldham was his home

Lionard Godan (22)

saighdiúir macánta

an ceathrú reisimint ghoirt

airtléire ríoga

Toirealach Ó Grífín (24)

saighdiúir macánta

an ceathrú reisimint ghoirt

airtléire ríoga

Micheál Waugh (22)

saighdiúir macánta

briogáid gardaí scuaidrín comharthaí

Manchanach fíor-lách

Leaslaí Breatnach (19)

saighdiúir macánta

cúlra Gaelach Breatnach

reisimint comharthaí

Seán Hadhns (20)

saighdiúir macánta

reisimint fiúsailéirí

Sean-fheilm a bhaile

M62

Stephen Whalley (19)

fatally injured

royal regiment fusilier

died three days later

Stiofán de Bhailí (19)

gortaithe go marfach

fiúsailéir reisiminte

d'éag trí lá dár gcionn

*38 injured in bombing.

*38 a gortaíodh sa mbuamáil.

Miami Show Band

perpetrated on 31 July 1975

Francis O Toole (29)
a cool base-player
a husband, father-of-two
a handsome singer

Anthony Geraghty (23)
lived Stannaway Road –
Miami lead-guitarist –
shot eight times in back

Brian McCoy (33)
Miami trumpet-player –
laid to rest in Caledon –
loyalist victim

Harris Boyle (24)
UVF major
single, telephone wireman
Portadown gunman

Wesley Somerville (34)
UVF gunman –
Moygashel Park, Dungannon –
'the Jackal's' partner

Banna Ceoil an Mhiáimí

a rinneadh ar 31 Iúill 1975

Proinsias Ó Tuathail (29)
dord-ghiotáraí binn
céile, athair bheirt ghasúr
amhránaí slachtmhar

Antaine Mag Oireachtaigh (23)
Bóthar Bhóthar na gCloch –
príomh-ghiotáraí an Mhiáimí –
ocht n-urchar sa droim

Brian Mac Aodha (33)
trumpadóir an Mhiáimí –
cuireadh i gcré Chionn Aird –
íobartach dílseach

Earchaí Ó Baoill (24)
maor Fhórsa Óglach Uladh
singil, fear sreinge gutháin
lámhachóir Phort an Dúin

Mac Bhalronta Ó Somacháin (34)
Lámhachóir FÓU –
Páirc Mhaigh gCaisil, Dún Geanainn –
comh-ghleacaí 'an tSeacáil'

Monaghan

perpetrated on 17 May 1974

Paddy Askin (53)
a father of four –
a Catholic civilian –
timber worker, spouse

Thomas Campbell (52)
a single farmer
yet unsung from Silverstream
let us recall him

Thomas Croarkin (35)
single farm labourer
from Killyneill, Tyholland
UVF blast bomb

Archie Harper (73)
a father of one
from Rockcorry, Monaghan –
metal shard pierced skull

Jack Travers (29)
a lorry driver
from Park Street, Monaghan town
lungs, brains blast-waved

Muineachán

a rinneadh ar 17 Bealtaine 1974

Peaidí Ó hUiscín (53)
athair ceathrair é –
sibhialtach Caitliceach –
saor adhmaid, céile

Tomás Mac Cathmhaoil (52)
feirmeoir singil
gan iomrá as Coill Uí Néill
cuimhnímis air féin

Tomás Mac Ruaircín (35)
saothraí feilme aonta
as Coill Uí Néill, Tigh Thaláin
pléascán FÓU

Giolla Easpaig Harpúr (73)
athair duine chlainne –
Buíochar, Contae Mhuineacháin –
tholl miotal a cheann

Seán Ó Treabhair (29)
tiománaí leoraí
Sráid na Páirce, Muineachán
scamhóga, inchinn loite

Monaghan *Mhuineacháin*

Petty White (44)

married civilian

Belgium Park, Monaghan town –

little-known woman

George Williamson (73)

a single farmer –

Tirfinnog in Castleshane –

loyal Presbyterian

Peigí de Faoite (44)

sibhialtach pósta –

Páirc na Beilge, Muineachán –

bean beag le rá í

Seoirse Mac Uilliam (73)

feirmeoir singil –

Tír Fheannóg, Caisleáin an tSiáin –

Preispitéireach tréan

Protestants	**Protatúin**
perpetrated on 21 July 1972	*a rinneadh ar 21 Iúil 1972*
Leslie Leggett (54)	**Leaslaí Leagáid** (54)
shot in back, shop bombed	caitheadh sa droim,
a Protestant news agent	siopadóir Protastúnach
cross-Christian rescue	tarrtháil tras-Chríostaí
Harold Gray (71)	**Aralt de Grae** (71)
from Highfield Estate	Eastát Ard-pháirce
he tried to stop a bombing	shíl sé buamáil a stopadh
shot at White Horse Inn	Ósta an Eich Ghil a uaigh

Newry	**An tIúr**
perpetrated on 28 February 1985	*a rinneadh ar 28 Feabhra 1985*
Chief Inspector	**Príomh-chigire**
Alexander Donaldson (41)	**Alsandar Mac Dónaill** (41)
a Hillsborough man	fear as Cromghlinn
mobile canteen, billiards room	ceaintín, seomra billéardaí
death during break-time	bás le linn scíthe
Detective Sergeant	**Bleachtaire Sáirsint**
John Dowd (31)	**Séan Ó Dúda** (31)
eleven-years served	seirbhís aon bhliain déag
Lurgan man served Thames Valley	Gleann na Tamaise is an Lurgain
spouse of constable	fear constábla mná
Reserve Constable	**Constábla Cúl-taca**
Sean McHenry (19)	**Seán Mac Anraí** (19)
six-months' service	leath-bhliain seirbhíse
a Newtownards, Down native	as Baile Nua na hArda
a singular life	fear singil ar leith
Reserve Constable	**Constábla Cúl-taca**
Geoffrey Campbell (24)	**Séafra Mac Cathmhaoil** (24)
devoted husband	céile fíor-dhílis
Dromara in the county Down	Droim Bearach, contae an Dúin
just one-month's service	seirbhís míosa amháin

Newry *An tIúr*

Detective Constable
Ivy Kelly (29)
one of the Fentons
Six-mile-cross, county Tyrone
great hockey player

Reserve Constable
Paul McFerran (33)
a true Belfast man
almost eighteen-months' service
same age as our Lord

Reserve Constable
Rosemary McGookin (27)
a Robinson girl
Lisburn, county Down, married
a devout Christian

Constable David Topping (22)
Lorna's only son
barely ever ten-months served
home: Lurgan, Armagh

Reserve Constable
Denis Price (22)
Roman Catholic
from Collinward, Glengormley –
uncle assassinated

Bleachtaire Constábla
Eidheann Uí Cheallaigh (29)
duine d'Fhiannachtach
as na Coracha Móra
barr-imreoir haca

Constábla Cúl-taca
Pól Mac Fearáin (33)
ba de bhunadh Bhéal Feirste é
seirbhís bliain go leith ionann is
aon-aois ár dTiarna

Constábla Cúl-taca
Róis Máire Mhic Uiginn (27)
de shliocht Roibíneach
Lios na gCearrbhach, contae an Dúin
pósta, Críostaí cóir

Daibhéid Toiping Constábla (22)
mac aonair Lorna
deich mí seirbhíse ar éigean
a bhaile: an Lorgain

Constábla Cúl-taca
Donncha Prís (22)
Caitliceach cóir
as ascaill Chollán an Bhaird –
feall-mharaíodh a uncail

*The Royal Ulster Constabulary Station in Newry was bombed in a terrorist mortar attack.
*Buamáladh Stáisiún Chonstáblacht Ríoga Uladh an Iúir in ionsaí sceimhlitheoireachta moirtéir.

Omagh	**An Ómaigh**
perpetrated on 15 August 1998	*a rinneadh ar 15 Lúnasa 1998*

Breda Devine (20 months)
your mammy injured –
daddy frantically searching –
slaughter, killing field

Bríd Ní Dhaimhín (20 mí)
do mhaime lota –
deaide ag cuartú go cráite –
seamalas, páirc áir

Fernando Blasco Baselga (12)
sister badly hurt –
the feast of the assumption –
ETA attached father

Fear Dorcha Bléaz Bazal (12)
gortaíodh deirfiúr leis –
féile na deastógála –
ghoin ETA a athair

Rocio Abad Ramos (23)
great love of Ireland
student of biology
exchange-students' guide

Drúcht Chléireach na Pailme (23)
cion mór ar Éirinn
mac léinn na bith-eolaíochta
treoraí mac léinn óg

James Barker (12)
cross-border visit –
Ballintrae, Military Road –
for ever green-eyed

Séamas Barcar (12)
cuairt lae thar teorainn –
Baile an tSratha, an Bóthar Míleata –
súile glasa an bhrátha

Oran Doherty (8)
from Knockalla Drive –
a pupil who loved Celtic –
loving and gentle

Órán Ó Dochartaigh (8)
Céide Chnoc Colbha –
dalta scoile a lean Ceiltigh –
grámhar cineálta

Omagh *An Ómaigh*

Sean McLaughlin (12)

an alter server

loved Manchester United

Oran's near neighbour

Frederick White (60)

father, son – members

Fireagh Orange Lodge, Tyrone

daffodil grower

Bryan White (27)

horticulturist –

Ballynahatty and Creevan –

true Presbyterian

Esther Gibson (36)

a woman of prayer

clothing factory worker

Free Presbyterian

Olive Hawkes (60)

upright Methodist –

Cappagh cemetery –

God's humble servant

Seán Mac Lochlainn (12)

cléireach altóra

lean Manchain Aontaithe

gar-chomharsa Óráin

Fear Dorcha de Faoite (60)

baill eisean is a mhac

Lóiste Oráisteach Fhiodh Riabhach

saothróir lusanna

Brian de Faoite (27)

gairneoir ó dhúchas –

Baile na Hataí is Craobhán –

fíor-Phreispitéireach

Eistir Nic Gib (36)

bean paidreoireachta

oibrí monarchan éadaí

Preispitéireach Saor

Oilbhe Mhic an tSeabhaic (60)

Meitidisteach cóir –

reilig Cheapach Mhic Cuarta –

searbhónta dil Dé

Omagh *An Ómaigh*

Brenda Logue (17)
Theresa's goalie
Dean McGuirk School Carrickmore
Loughmacrory church

Gareth Conway (18)
Aghiogan Park –
an engineering student –
buying jeans, lenses

Jolene Marlow (17)
 Newtownsaville
camogie guard of honour
a grave in Eskragh

Alan Radford (16)
a Mormon young lad –
son of a British soldier
who survived attack

Elizabeth Rush (57)
pine emporium –
a shy reserved shopkeeper –
red rose on her coffin

Breanda Ní Laoghóg (17)
cúlbáire Threasa
Déan Mag Coirc, an Charraig Mhór
cill Loch Mhic Ruairí

Gearóid Mac Con Mí (18)
Páirc Achadh Uí Ógáin –
ina ábhar innealtóra –
ceannacht jíons, liosaí

Jóilín Ní Mhearthaile (17)
Baile Shacs-bhaile
garda onóra camógaíochta
uaigh i gcill Eiscrí

Ailéin Áth Dearg (16)
stócach Mormanach –
mac saighdiúra Bhreatanaigh
a sháraigh ionsaí

Liosaibeit Uí Rois (57)
oll-siopa péine –
siopadóir ciúin cúthaileach –
rós dearg ar a cónra

Omagh *An Ómaigh*

Philomena Skelton (49)
'if this is the last
bomb my wife will not have died
in vain' – her husband

Veda Short (56)
wholly trustworthy –
a buyer for Wattersons –
true Presbyterian

Ann McCombe (48)
Summerhill, Mountjoy –
choral singing, rural walks –
dying parents' nurse

Geraldine Breslin (43)
Watterson worker
mother of one child, loyal spouse
true salt of the earth

Aidan Gallagher (21)
son and mechanic –
purchasing new boots and jeans –
little marked in death

Filimín de Scealtún (49)
'má tá i ndán is
gurb é seo an buama deiridh
is fiú a bás' – a fear

Víde Mhic an Gheairr (56)
fíor-in-mhuiníne –
ceannaí i siopa Mhic Uaitéir –
Preispitéireach fíor

Áine Mhic Thom (48)
Cnoc Samhraidh, Muinseo
amhránaíocht chóir, spaisteoireacht –
banaltra tuistí

Gearóidín Uí Bhreasláin (43)
oibrí Mhic Uaitéir
máthair duine amháin, céile
salann na talún

Aodhán Ó Gallchóir (21)
mac aonair, meicneoir –
ceannacht bróg trom is jíons –
bás gan mórán smáil

Omagh *An Ómaigh*

Samantha McFarland (17)
Oxfam volunteer
'a wonderful young woman' –
killed with her best friend

Samanta Nic Pharthaláin (17)
deontóir le hOxfam –
'girseach óg iontach ar fad' –
d'éag lena cara

Lorraine Wilson (15)
first week's pay unspent –
buried in mother's wedding dress –
Gordan a h-athair

Loirréin Nic Liam (15)
a chead pá gan chaitheamh –
cuireadh í i ngúna pósta a máthar –
Gordon her father

Julia Hughes (21)
a college student
accountancy candidate
a twin, a short life

Síle Nic Aodha (21)
mac léinn coláiste
dea-ábhar cuntasóra
leath-chúpla a d'éag óg

Deborah Cartwright (20)
constable's daughter
cross-community worker
results day burial

Gobnait Nic Cartshaoir (20)
iníon constábla
saothraíoch caidrimh thras-teorann
lá torthaí is curtha

Brian Mac Ruairí (54)
nine siblings –
'honest-to-God hard-working –
summed in a word: good'

Brian Mac Ruairí (54)
naonúr sibilín –
'saothraíoch iontach grádiaúil –
in aon fhocal: maith'

Omagh *An Ómaigh*

Mary Grimes (66)
maternity nurse
a mother of twelve children –
baked Mass offering

Avril Monaghan (30)
died with three children –
one in her arms two in womb
feast of Assumption

Maura Monaghan (18 months)
headed for heaven –
just a child of eighteen months –
curly-headed beauty

Máire Uí Ghréacháin (66)
banaltra mháithreachais
máthair dhá dhuine dhéag clainne –
bhácáil ofráil Aifrinn

Aibreán Uí Mhanacháin (30)
d'éag le triúr gasúr –
duine ar láimh beirt ina broinn
ar an Deastógáil

Máire Ní Mhanacháin (18 mí)
na flaithis a sprioc –
gearrchaile ocht mí dhéag d'aois –
seoid-naí na cataí

Ormeau Road	**Bóthar Ormeau**
perpetrated on 5 February 1992	*a rinneadh ar 5 Feabhra 1992*
Peter Magee (18)	**Peadar Mag Aoidh** (18)
single Catholic	Caitliceach singil
Ulster Freedom Fighters shot	Trodairí Shaoirse Uladh a chaith
from Artana Street	as Sráid Ard Anna
James Kennedy (15)	**Séamas Ó Cinnéide** (15)
Hamilton Street –	Sráid Hamaltún –
'tell Mummy that I love her' –	'tá mé mór le mo mhaime' –
South Belfast school-boy	dalta as Béal Feirste Theas
Christy Doherty (51)	**Críostaí Ó Dochartaigh** (51)
who was this poor man?	cérbh é an fear bocht seo?
a Powerscourt Place resident	b'as Plás Chúirt an Phaoraigh é
let's get to know him	cuirimis aithne air
William McManus (54)	**Liam Mac Mánais** (54)
married with children	athair pósta clainne
from Shaftesbury Avenue	Ascaill Bhaile na Sáfaí
South Belfast Christian	Críostaí Béal Feirsteach
Jack Dufin (66)	**Jeaic Ó Duifinn** (66)
a father of three	athair triúr clainne
stone mason, sixty-six	saor cloiche sé bliana is trí scór
Helen his spouse mourns	Léan a chaoifeach chráite

Sandyford	**Áth an Ghainimh**
perpetrated on 21 July 1976	*a rinneadh ar 21 Iúil 1976*

Christopher Ewart-Biggs (54) **Críostóir Éadbhardach Beig** (54)

armoured jaguar iaguar armtha

IRA-planted land mine mianach talún IRA

world-war veteran seanóir cogaidh mhóir

Judith Cook (27) **Síle Iníon an Chócaire** (27)

volunteered for post thairg í féin don phost

'young, exceptionally bright' 'óg is fíor-mheabhrach go deo'

supported sister thug tacaíocht dá deirfiúr

*2 injured in the atrocity. *2 a gortaíodh san ár.

Shankill

perpetrated on 23 October 1993

Michael Morrison (27)
Evelyn's partner
died with her and their Michelle
bought dead father's wreath

Evelyn Baird (27)
partner and mother
died with Michael and Michelle –
lover and daughter

Michelle Baird (7)
Forthriver schoolgirl
mad for Frizzell's fish crab sticks
Evelyn's, Michael's seed

Wilma McKee (38)
a mother-of-two
from Westway Gardens, Belfast
Frizzell's, then heaven

George Williamson (63)
husband, father-of-two,
Protestant who afforded
dignity, respect

An tSean-Chill

a rinneadh ar 23 Deireadh Fómhair 1993

Micheál Ó Muireasáin (27)
páirtí Eibhlín
d'éag léi-se is le Micilín
d'íoc bláth-fhleasc a athar

Eibhlín Nic an Bhaird (27)
páirtí agus máthair
d'éag le 'Miní' is Micilín –
leannán is iníon

Micilín Nic an Bhaird (7)
dalta as Abhainn Fhotharta
fiáin ag cipíní portáin
slíocht Eibhlín is Mhichíl

Uilliama Mhic Aoidh (38)
máthair bheirt ghasúr
as Slí an Iarthair, Béal Feiste
Tigh Fhrisil go neamh

Seoirse Mac Uilliam (63)
céile, athair beirte
Protastún a thug dínit
is ómós do chách

Shankill *An tSean-Chill*

Gillian Williamson (49)

married, two children –

Drumard Park, Lisburn, Belfast –

gone buying curtains

John Frizzell (63)

father, business man

fishmonger, evangelist –

Sharon died with him

Sharon McBride (29)

mother of one child

health worker, Desmond's daughter

Alan's loving wife

Leanne Murray (13)

daughter of Gina –

tub of whelks her only want –

sad Silvio Street

Gilleán Mhic Uilliam (38)

céile, beirt ghasúr –

Páirc Dhroim Ard, Lios na gCearrbhach –

ceannacht cuirtíní

Seán Friseal (63)

athair triúir, fear gnó

ceannaí éisc is soiscéalaí –

d'éag Searan leis-sean

Searan Nic Giolla Bhríde (29)

máthair aon-ghine

oibrí sláinte, iníon Dheasúin

céile caoin Ailéin

Aoilean Ní Mhuirí (13)

iníon Sheoirsíona

tobán cuachmaí a h-aon-éileamh –

Sráid shractha Shilbheo

Teebane	**An Taobh Bán**
perpetrated on 17 January 1992	*a rinneadh ar 17 Eanáir 1992*

William Bleeks (25)
single Protestant
from Chapel Street in Cookstown
a building worker

Uilliam Ó Bláth-Mhaic (25)
Protasatún singil
Sráid an tSéipéil, Corr Chríochach
oibrí tógála

Cecil Caldwell (37)
husband and father
from Stewart Avenue Cookstown
'lonely without dad'

Sisil Mac Con Luain (37)
céile, athair clainne
Ascaill Stíobhaird Corr Chríochach
'uaigneach gan deaide'

Robert Dunseith (25)
member of flute band –
Ashgrove Park Maherafelt –
kind, conscientious

Roibeard Dún Sítheach (25)
ball banna fliúite –
Páirc Gharrán na Fuinseoige –
modhúil coinsiasach

Oswald Gilchrist (44)
survived for four days –
Carmen Road, Magherafelt –
construction worker

Osuald Mac Giolla Críost (44)
mhair ceithre lá eile –
Bóthar Chairmeil, Machaire Fíolta –
oibrí tógála

David Harkness (23)
building worker
from Mackney Road in Cookstown
Montober lodger

Daibhéid Ó Hargadáin (23)
oibrí tógála as
Bóthar Mhic Nia, an Chorr Chríochach
lóisteoir Mhaigh an Tobair

Teebane *An Taobh Bán*

John McConnell (38)

much-loved 'gentle giant'

devoted to family

construction worker

Nigel McKee (22)

home on Island Road

Shankbridge, Ballymena

depraved holocaust

Robert Irons (61)

construction worker

Kellswater Orange Lodge bro

married with one child

Seán Mac Conaill (38)

'gaiscioch geanúil' lách

tiomnaithe dá theaghlach féin

oibrí tógála

Niall Mac Aodha (22)

as Bóthar an Oileáin

Droichead na Lorgan

íol-loscadh gráiniúil

Roibeard Íreons (61)

oibrí tógála

ball Lóiste Uisce Cheanannais

pósta, athair clainne

Tullyvallen Orange Hall	**Halla Oráisteach Thulaigh Uí Mhealláin**
*p*erpetrated on 1 September 1975	a rinneadh ar 1 Meán Fómhair 1975
John Johnston (80)	**Seán Mac Seáin** (80)
chaplin and farmer	séiplineach, feirmeoir
from Clohogue in Crossmaglen	as Clochóg, Crois Mhic Lionnáin
murdered with four friends	sléacht cúigear cairde
Nevin McConnell (48)	**Naomhán Mac Conaill** (48)
orange lodge secretary	rúnaí lóiste oráistigh
livestock-market manager	bainisteoir martlainne é
one of five murdered	duine as cúigear d'éag
Ronnie McKee (40)	**Ránall Mac Aoidh** (40)
Altnamackin Road	Bóthar Alt na Meacan
Tullyvallen Orange Hall	Halla Oráisteach Thulaigh Uí Mheallláin
father murdered too	maraíodh a athair freisin
James McKee (73)	**Séamas Mac Aoidh** (73)
a married farmer	feirmeoir pósta
a father of one daughter	ina athair iníne amháin
murdered with his son	maraíodh lena mhac
William Herron (68)	**Uilliam Ó hEaráin** (68)
Tulyvallen Hall	Hall Thulaigh Mhaoláin
shot, died two days thereafter	caitheadh is d'éag tar eis dhá lá
vile sectarianism	seicteachas diabhlaí

*In memory of two members of Tullyvallen Orange Lodge who were murdered on 13 August 1975 and 26 February 1976, respectively

*I gcuimhne ar bheirt bhall de Lóiste Oráisteach Thulaigh Uí Mheallláin a dún-mharaíodh ar 13 Lúnasa 1975 agus 26 Feabhra 1976, leith ar leith

Woolwich	**Woolwich**
perpetrated on 7 November 1974	*a rinneadh ar 7 Samhain 1974*
Richard Dunne (42)	**Risteard Ó Duinn** (42)
artilleryman	saighdiúir airtléire
a brutal King's Arms murder	dún-mharaíodh in Armas an Rí
barracks within yards	beairic céad slat uaidh
Alan Horsley (20)	**Ailéin de Horslaigh** (20)
a part-time barman	oibrí beáir scaití
threw himself on ten-pound bomb	chaith é féin ar bhuama fill
saved many others	shlánaigh neart eile
George Arthur (34)	**Seoirse Mac Artúir** (34)
on way to rest room	dul chuig an leithreas
post office telephonist	teileafónaí oifige poist
nights, studying law	oícheanta, mac léinn dlí

*35 injured in bombing. *35 a gortaíodh sa mbuamáil.

Mullaghmore	**An Mullach Mór**
perpetrated on 27 August 1979	*a rinneadh ar 27 Lúnasa 1979*
Lord Louis Mountbatten (79)	**Tiarna Laoiseach Mantbatan** (79)
seventy-nine years	seachtó a naoi bliain d'aois
widower, two grown children	baintreach, beirt chlainne fhásta
Elizabeth's cousin	col ceathrair Eilís
Nicholas Knatchbull (14)	**Nioclás Cnaitsbeal** (14)
his close twin survived	slánaíodh a leathchúpla
grandson of Lord Mountbatten	garmhac Thiarna Mantbatan
Gordanstoun pupil	dalta Bhaile Ghordún
Paul Maxwell (15)	**Pól Meiscill** (15)
a dream summer job	jab samhraidh den togha
Killynur, Enniskillen	Coill an Iúir, Inis Ceithleann
Portora student	dalta i bPort Abhla
	An Bhantiarna
Lady Doreen Brabourne (82)	**Dóirín Uí Bhrolcháin** (82)
generous hearted	dáimh le daoine aici
Indian college founder	bunaitheoir coláiste Indíoch
dire end to good life	críoch dhona ar dhea-shaol

Gresteel	**Glas-Stiall**
perpetrated on 30 October 1993	*a rinneadh ar 30 Deireadh Fómhair 1993*

Karen Thompson (19)
from Limavady
darling of Steven Mullan
heartbroken dad died

Caran Nic Thomáis (19)
as Léim an Mhadaidh
caoifeach Stiofáin Uí Mhaoláin
deaide cráite a d'éag

Steven Mullan (20)
a single young man
from Foyle View Park in Gresteel
died with his sweetheart

Stiofán Ó Maoláin (20)
ina óg-fhear singil
Páirc Amharc an Fheabhaill, Glas-stiall
bhásaigh lena ghrá

James Moore (81)
knew killer's dad well
had twenty-two grand-children
sixty years married

Séamas Ó Móra (81)
b'eol deaide a mharfóra
deaideo dhá dhuine is fiche
trí scór bliain pósta

Joseph McDermot (60)
a real character
pet goats, a joke, a good drink
'a fierce good talker'

Seosamh Mac Diarmada (60)
duine breá aerach
peataí gabhar, spraoi, neart na dí
cainteoir breá tráthúil

Moira Duddy (59)
Ballygudden Road
her son worked with her killer
her legs were blown off

Máire Uí Dhúda (59)
Bóthar Bhaile Ghodáin
d'oibrigh a mac lena marfóir
baineadh a cosa di

John Moyne (50)

Dunlade Road, Gresteel

died protecting his dear wife

faithful Catholic

John Burns (54)

Canice's Park, Muff

fathered two sons and daughter

Ulster Regiment

Seán Ó Muín (50)

Bóthar Dhún Leithid, Glas-stiall

bhásaigh ag cosaint a chéile

Caitliceach dil

Seán Ó Broin (54)

Páirc Chainnigh, an Magh

athair bheirt mhac is girsí

Reisimint Uladh

AUTHOR'S OTHER PUBLICATIONS *FOILSEACHÁIN EILE AN ÚDAIR*

TWELVE COLLECTIONS OF POETRY *DHÁ BHAILIÚCHÁN DÉAG FILÍOCHTA*:

Noda

Doineann agus Uair Bhreá

Broken English agus Dánta Eile

Cion

Cín Lae 1994

Cúram File

Aiséirí

Zein na Gaeilge

Filíocht an Reatha The Poetry of Running

Oilithreacht

Silent Pictures Inner City Pictiúir Thostacha Lár na Cathrach

Orange Martyrs Mairtírigh Oráisteacha

Three novels *Trí úrscéal*:

Duibhlinn

Slán le Luimneach

Odaisé Ghael-Mheiriceánach / The Irish-American Dream

Collection of short stories *Cnuasach gearr-scéalta*

An Troigh ar an Tairne.

Musical *Ceoldráma*:

Vailintín.

Academic works include *I measc na saothar acadúil*:

An Odaisé	*Seanchas Inis Meáin*
An Choiméide Dhiaga	*Tomás Bán*
Raiftearaí: Amhráin agus Dánta	*Ag Réiteach le hAghaidh Faoistine*
Filíocht Ghaeilge Phádraig Mhic Phiarais	*Léarscáil Inis Meáin*
Mangarae Aistí Litríochta agus Teanga	*Dánta Eoin Pól II*
An Fhilíocht Chomhaimseartha 1975-1985	*The Heritage of John Paul II*
Caitlín Maude: Dánta, Drámaíocht agus Prós	*An Bíobla Naofa agus Leabhar na Salm*

Index of Personal Names *Innéaca Ainmneacha Pearsanta*

A

Nicholas ANDREWS, p 27
Jane ARBUTHNOT (age 22), p 42
Wesley ARMSTRONG (62), p 70
Bertha ARMSTRONG (55), p 71
Edward ARMSTRONG (52), p 71
George ARTHUS (34), p 102
Paddy ASKIN (53), p 84
William ATWELL (40), p 6

B

Evelyn BAIRD (age 27), p 97
Michelle BAIRD (7), p 97
Mick BALL (24), p 46
Jonathan BALL (3), p 54
Graham BARKER (36), p 39
James BARKER (12), p 89
Gary BARNES, p 27
Fernando Blasco BASELGA (12), p 89
Inan Ul-Haq BASHIR (29), p 56
Walter BEARD, p 28
Michael BEASLEY (30), p 18
John BEATTIE (17), p 7
Lynn BENNETT (18), p 21
Sir Anthony BERRY (59), p 44
Blair BISHOP (19), p 4
David BLAIR, p 27
Donald BLAIR, p 29
William Gary BLEEKS (25), p 99

B (cont.)

Stanley BODMAN (age 47), p 18
Thelma BOSLEY (44), p 1
Thomas BOSTON (45), p 57
Harris BOYLE (24), p 83
Josephine BRADLEY (21), p 69
John BRESLIN (18), p 38
Geraldine BRESLIN (43), p 92
Raymond BRIGHT (36), p 41
John BRYANS (46), p 73
William BROWN (59), p 63
Peter BULLOCK (21), p 4
Jayson BURFITT (19), p 3
John BURNS (54), p 104
Marie BUTLER (21), p 66
Anne BYRNE (35), p 63
Eamon BYRNE (39), p 78

C

James CADDICK (age 40), p 18
Cecil CALDWELL (37), p 99
Dinah CAMPBELL (72), p 60
Francis CAMPBELL (70), p 60
Thomas CAMPBELL (52), p 84
Geoffrey CAMPBELL (24), p 87
Danielle CARTER (15), p 52
Deborah CARTWRIGHT (20), p 93
Robert CHAMBERS (19), p 73
Charles CHAPMAN (34), p 48

C (cont.)

Reginald CHAPMAN (age 25), p 73

Walter CHAPMAN (23), p 73

Thomas CHAYTOR (age 28), p 22

Simone CHETRIT (31), p 66

Mark CLAVEY (24), p 31

John CLEATHEROE (25), p 46

Mark COE (44), p 13

Joan CONNOLLY (50), p 6

Gareth CONWAY (18), p 91

Judith COOK (27), p 96

Stephen COOPER (19), p 9

Sarah COOPER (52), p 77

David CORNER (36), p 51

Alfons CUNNINGHAM (13), p 8

John CUNNINGHAM (39), p 63

James CRAIG (34), p 23

Paul CRAIG (21), p 33

Elizabeth CRAIGMILE (76), p 60

Thomas CROARKIN (35), p 84

Gordon CROTHERS (30), p 76

Joan CROTHERS (26), p 76

William CROTHERS (15), p 9

D

Anthony DALY (age 23), p 38

John DARGLE, p 65

Paul DAVIES (20), p 19

William DAVIES (19), p 48

Jane DAVIS (17), 19

Nan DAVIS (60), p 59

D (cont.)

Trevor DAVIS (age 39), p 46

Breda DEVINE (20 mo.), p 88

Stephen DODD (34), p 42

Christy DOHERTY (51), p 94

Edward DOHERTY (28), p 7

Oran DOHERTY (8), p 88

Paddy DOHERTY (31), p 23

Gerald DONAGHY (17), p 25

Alexander DONALDSON (41), p 86

John DOWD (31), p 86

Jack DUDDY (17), p 23

Moira DUDDY (59), p 103

Jack DUFIN (66), p 94

Raymond DUNN, p 26

Richard DUNNE (42), p 101

Robert DUNSEITH (25), p 98

E

Kathryn EAKIN (age 9), p 57

Audrey EDGSON (44), p 35

Robert ENGLAND, p 27

Christopher EWART-BIGGS (54), p 95

F

Patrick FAY (age 47), p 65

Richard FICE (22), p 45

Nora FIELD (59), p 37

Elizabeth FITZGERALT (59), p 67

William FORSYTH (18), p 32

Robert FREEBURN (50), p 72

F (cont.)

John FRIZZELL (age 63), p 97
Peter FURZMAN, p 28

G

Aidan GALLAGHER (age 21), p 91
Samuel GAULT (49), p 70
Philip GEDDES (24), p 41
Anthony GERAGHTY (23), p 82
Esther GIBSON (36), p 89
Robert GIBSON (45), p 9
John GILES, p 27
Oswald GILCHRIST (44), p98
Hugh GILMORE (17), p 23
Leonard GODDEN (22), p 80
Ian GOW (53), p 49
Brenda GRACE (35), p 66
Margaret GRANT (32), p 2
Charles GRAY (44), p 21
Harold GRAY (71), p 85
Derek GREEN (20), p 30
Barney GREEN (87), p 77
Richard GREENER (21), p 3
Terrence GRIFFEN (24), p 80
Mary GRIMES (66), p 93

H

Maxine HAMBLETON (age 18), p 19
Ann HAMILTON (18), p 32
David HARKNESS (23), p 98
Archie HARPER (age 73), p 83

H (cont.)

John HASLAR (age 58), p 1
Malcolm HATTON (19), p 5
Olive HAWKES (60), p 89
Anne HAYES (19), p 20
Heidi HAZELL (26), p 16
Richard HEAKIN (30), p 15
Desmond HEALEY (14), p 7
David HEFFER (30), p 52
Edward HENTY (34), p 54
John HERITAGE (29), p 39
Hugh HERRON (31), p 7
William HERRON (68), p 100
Ronnie HILL (68), p 71
John HINES (20), p 80
Alan HORSLEY (20), 101
Clifford HOUGHTON (23), p 79
Lee HOUGHTON (5), p 79
Linda HOUGHTON (23), p 79
Robert HOUGHTON (2), p 79
Dorothy HOUSEHOLD (48), p 31
Kenneth HOWARTH (49), p 37
David HOWES (23), p 61
Julia HUGHES (21), p 92
John HUNTER (17), p 32
Rachel HYAMS (79), p 35

I

Chris IRELAND, p 28
William IRVINE (age 18), p 9
Robert IRONS (61), p 99

I (cont.)

Maheshkumar ('Mick') ISLANIA, p 17

Nivruti Mahesh ISLANIA (age 6 mo.), p 17

J

John JEFFRIES (age 31), p 55

Malcolm JENKSINSON (53), p 55

John JOHNSTON (80), p 100

Kitchener JOHNSTON (71), p 69

Nessie JOHNSTON (62), p 69

Jeffrey JONES, p 28

John Clifford JONES (51), p 18

Leonard JONES, p 28

Richard JONES (27), p 46

Robert JONES, p 28

K

Donald KABERRY (age 83), p 49

Ivy Winifred KELLY (29), p 87

Michael KELLY (age 17), p 24

Caroline KENNEDY (25), p 41

James KENNEDY (15), p 94

Thomas KILLOPS (39), p 9

L

Noel LANE (age 28), p 41

Graham LAMBIE (22), p 29

John LAVERTY (20), p 8

Leslie LEGGETT (54), p 85

Joseph LEMMON (46), p 73

Alexander LEWIS (18), p 4

L (cont.)

Robert LIVINGSTONE (age 31), p 39

Robert Anthony LLOYD, p 33

Christine LOCKHART (33), p 74

Grace LOOHUISS (39), p 33

Brenda LOGUE (17), p 90

John LOWTHER (40), p 56

Joan LUNN (39), p 2

M

Muriel MacCLEAN (age 54), p 44

Victor MacLEOD, p 26

Brian MAC RUAIRI (54), p 92

Peter MAGEE (18), p 94

Daniel MAGILL (37), p 75

Antonio MAGLIOCCO (37), p 63

Jill MANSFIELD (34), p 1

Jolene MARLOW (17), p 90

Anne MARREN (20), p 65

Neil MARSH (16), p 19

Anna MASSEY (21), p 63

George MEASURE (19), p 39

John MEGAW (67), p 70

Stephen MELROSE, p 12

Ian METCALFE (36), p 29

Patrick McADOREY (24), p 5

Sharon McBRIDE (29), p 97

Paddy McCARTHY (44), p 8

James McCLELLAND (65), p 57

Joseph McCLUSKEY (39), p 57

John McCONVILLE (20), p 73

M (cont.)

Ann McCOMBE (age 48), p 91
Ian McCRACKEN (25), p 74
Elizabeth McCRACKEN (25), p 74
Daniel McCREANOR (59), p 77
John McCONNELL (38), p 99
Nevin McCONNELL (48), p 100
Brian McCOY (33), p 82
Michael McDAID (17), p 25
Joseph McDERMOT (60), p 103
Elizabeth McELHINNEY (59), p 57
Kevin McELHINNEY (17), p 24
Samantha McFARLAND (17), p 92
Paul Hillery McFERRAN (33), p 87
Rosemary McGOOKIN (27), p 87
Bernard McGUIGAN (41), p 23
Leo McGUIGAN (16), p 5
Francis McGUINNESS (17), p 7
Sean McHENRY (19), p 86
William McKAVANAGH (21), p 8
James McKEE (73), p 100
Nigel McKEE (22), p 99
Ronnie McKEE (40), p 100
Wilma McKEE (38), p 96
Mary McKENNA (55), p 66
Gerard McKINNEY (35), p 24
William McKINNEY (27), p 24
John McKNIGHT (30), p 39
Sean McLAUGHLIN (12), p 89
William McMANUS (54), p 94
David McMILLAN (22), p 45

M (cont.)

James McWHIRTER (age 58), p 73
Ross McWHIRTER (50), p 35
David MILLER (60), p 57
Carol MILLS (26), p 75
Frederick MILTON (58), p 31
Avril MONAGHAN (30), p 93
Maura MONAGHAN (18 mo.), p 93
James MOORE (81), p 103
Dorothy MORIS, p 66
Sandra MORRIS (27), p 74
Michael MORRISON (27), p 96
John MOYNE (50), p 104
Hugh MULLAN (40), p 5
Nessie MULLAN (73), p 69
Steven MULLAN (20), p 103
William MULLAN (74), p 69
Chérie MUNSTON (20), p 2
Brigid MURRAY (65), p 10
Leanne MURRAY (13), p 97

N

Marilyn NASH (age 22), p 20
William NASH (19), p 25
Airey NEAVE (63), p 36
Thomas NEESON (52), p 74
Dorothy NELSON (34), p 76
Paul NELSON (37), p 75
Mark NORSWORTHY (18), p 3

O

Anna O BRIEN (age 22), p 66

Anne Marie O BRIEN (5 mo.), p 67

Jacqueline O BRIEN (17 mo.), p 67

John O BRIEN (23), p 66

Colette O DOHERTY (21), p 64

Margaret O HARE (37), p 10

Patsy O HARE (35), p 77

Christina O LOUGHLIN (51), p 64

Edward O NEILL (29), p 63

Martha O NEILL, p 63

Francis O TOOLE (29), p 82

P

Elizabeth PALMER (age 60), p 59

Pamela PALMER (19), p 21

Stephen PARKER (14), p 10

Timothy PARRY (12), p 53

William PATERSON (22), p 29

Dean PAVEY (31), p 45

Mark PETCH (24), p 46

Marie PHELAN (20), p 64

Noel PHILLIPS (20), p 6

Keith POWELL (24), p 39

Denis PRICE (22), p 87

Philip PRICE (27), p 10

Q

Frank QUINN (age 19), p 6

Alberta QUINTON (72), p 70

R

Alan RADFORD (age 16), p 90

Rocio Abad RAMOS (23), p 88

Timothy REEVES (22), p 46

John REID (22), p 14

Paul REID (17), p 79

Desmond REILLY (21), p 20

Eugene REILLY (23), p 20

Siobhan RICE (19), p 67

Maureen ROBERTS (20), p 21

Adrian ROGAN (34), p 77

Ian ROGERS, p 27

John ROWLANDS (46), p 18

Elizabeth RUSH (57), p 90

S

Kenneth SALVESDEN (age 25), p 41

Robert SCOTT (72), p 60

Jeanne SHATTOCK (55), p 43

Maureen SHIELDS (age 44), p 64

Ian SHINNER (20), p 14

Veda SHORT (56), p 91

Robert SIMMONDS (22), p 46

Seamus SIMPSON (21), p 8

Philomena SKELTON (49), p 91

Caroline SLATER (18), p 32

Laurence SMITH (19), p 40

Nick SPANOS, p 12

Julius STEPHEN (34), p 35

John STEPHENSON (53), p 31

Karel STRAUB (19), p 11

S (cont.)

William STRONGE (age 46), p 8

Sir Richard SYKES (58), p 11

T

Eric TAYLOR (age 54), p 43

Daniel TEGGART (44), p 6

William TEMPLE (16), p 58

Karen THOMPSON (19), p103

Trevor THRUPP (33), p 21

Simon TIPPER (19), p 38

Jack TRAVERS (29), p 83

Graham TUCK (23), p 34

Brenda TURNER (21), p 63

V

Thomas VANCE, p 27

W

Roberta WAKEHAM (age 54), p 43

Robert WALKER (46), p 73

Leslie WALSH (19), p 80

John WALSH (27), p 67

Michael WAUGH (22), p 80

Gerry WESTON (38), p 1

Stephen WHALLEY (24), p 19

Stephen WHALLEY (19), p 81

Bryan WHITE (27), p 89

Frederick WHITE (60), p 89

Petty WHITE (44), p 84

Ronald WILKINSON (30), p 31

W (cont.)

Stephen WILKINSON (age 18), p 31

Theodore WILLIAM (49), p 35

George WILLIAMSON (73), p 84

George WILLIAMSON (63), p 96

Gillian WILLIAMSON (49), p 97

David WILSON (44), p 62

Lorraine WILSON (15), p 92

Michael WINKLER (31), p 29

Jason WINTER (19), p 3

Anthony WOOD, p 26

Derek WOOD (24), p 61

Michael WOODS, p 27

Sarah WORTHINGTON (50), p 5

Kenneth WORTON (24), p 73

James WRAY (17), p 23

Y

John YOUNG (age 17), p 24

Vernon YOUNG (19), p 38